ALLES, WAS DAS HERZ BEGEHRT!

4
3

Birgit Adam

ALLES, WAS DAS HERZ BEGEHRT!

Von Wunderkammern und Konsumtempeln

GERSTENBERG

Bibliografische Informationen der Deutschen Nationalbibliothek
Die Deutsche Nationalbibliothek verzeichnet diese Publikation in der Deutschen Nationalbibliografie; detaillierte bibliografische Daten sind im Internet über *http://dnb.d-nb.de* abrufbar

Komplettproducing: twinbooks, München (Jennifer Künkler, Simone Steger)
Drucker: TBB, a. s., Banská Bystrica
Printed in the Slovak Republic
ISBN 978-3-8369-2739-0

Inhaltsverzeichnis

R SOAP
ORDER PILLSBURY'S BES

Einführung

Als Einkaufen zum Erlebnis wurde

PRUNKVOLLE GEBÄUDE MIT LICHTHÖFEN, Aufzügen und Rolltreppen, Waren aus aller Welt in Hülle und Fülle und ein Publikum, das vom Adel bis hin zum einfachen Volk reichte: Als Mitte des 19. Jahrhunderts in Frankreich die ersten Warenhäuser eröffneten, waren sie Sensationen auf allen Ebenen. Mit neuen und revolutionären Verkaufsmethoden ermöglichten sie es nun auch Normalverdienern, sich besser zu kleiden und zu ernähren. Der Besuch im Warenhaus war ein Erlebnis. „Wenn man heute in einer Familie hört: Wir gehen zu Wertheim", so Gustav Stresemann im Jahre 1900, „so heißt das nicht in erster Linie, wir brauchen irgendetwas besonders notwendig für unsere Wirtschaft, sondern man spricht von einem Ausfluge, den man etwa nach irgendeinem schönen Orte der Umgebung macht." Doch wie entstanden diese Konsumtempel, die großen, mehrstöckigen Geschäfte, die mit Waren jeglicher Art die Menschen in die Innenstädte lockten?

1852 öffnete in der französischen Hauptstadt das erste Warenhaus seine Türen: Bei Le Bon Marché wurde das Einkaufen zum Erlebnis – und schon bald wurde das Warenhaus zum Vorbild für etliche Warenhäuser in Europa und in der Neuen Welt.

Massenproduktion ermöglicht Massenkonsum

Eine wesentliche Voraussetzung für die Entstehung der Warenhäuser war die industrielle Revolution, die im 19. Jahrhundert Wirtschaft und Gesellschaft unwiderruflich veränderte. Waren konnten nun in großer Zahl hergestellt werden und wurden nicht mehr im Auftrag einzelner Käufer, sondern ganz gezielt für den Massenkonsum gefertigt. Durch mechanische Webstühle entstanden Kleidungsstücke nun schnell und unkompliziert in großer Stückzahl, und die Erfindung der Dampfmaschine machte es möglich, dass in Fabriken Pumpen, Hämmer oder Gebläse maschinell betrieben werden konnten. Die Waren aus den Fabriken mussten nun natürlich an den Mann oder an die Frau gebracht werden und dies geschah über den Einzelhandel – teils in spezialisierten Fachgeschäften, teils aber auch in Warenhäusern. Und der Einzelhandel blühte:

Eine neue Dimension des Einkaufens: der Blick in den Teppichsaal des Berliner Kaufhauses Wertheim im Jahr 1927

Allein zwischen 1875 und 1907 verdreifachte sich die Zahl der Geschäfte pro Einwohner in Deutschland. Unter den Läden, die damals wie Pilze aus dem Boden schossen, befand sich auch das erste deutsche Warenhaus, das der Kaufmann Leonhard Tietz 1885 in Elberfeld-Barmen (dem heutigen Wuppertal) eröffnete. Hinzu kam, dass sich ab dem 19. Jahrhundert in allen europäischen Staaten das Papiergeld als Zahlungsform durchsetzte. Man konnte nun also wesentlich einfacher einen Einkaufsbummel machen, denn ein paar Banknoten in der Brieftasche lassen sich erheblich leichter transportieren als schwere Gold- oder Silbermünzen.

Diesen neuen Einkaufsmöglichkeiten trugen die Warenhäuser in ganz Europa Rechnung. In Frankreich folgten auf Le Bon Marché die Warenhäuser Grands Magasins du Louvre (1855), Au Printemps (1865), La Samaritaine (1869) und schließlich die Galeries Lafayette (1893). Auf der anderen Seite des Ärmelkanals in Großbritannien lockten Whiteleys (1863), Harrods (1884) und Selfridges (1909) die Kunden in Scharen an. In Deutschland eröffnete 1907 in der Berliner Tauentzienstraße das Kaufhaus des Westens, das schon bald zu „KaDeWe“ abgekürzt wurde und auch heute noch das größte Warenhaus Deutschlands ist. Und auch außerhalb Europas fand das neuartige Einkaufskonzept großen Anklang: In New York öffneten Macy's (1858) und Bloomingdale's (1860) ihre Pforten und in Moskau galt GUM (1893) auch in kommunistischen Zeiten als Vorzeigekaufhaus.

Die ersten Warenhäuser lagen mitten in den großen Städten: in den Hauptgeschäftsstraßen von Paris, Berlin, London oder New York. Nicht nur das vielfältige Sortiment in ihrem Inneren war spektakulär, auch von außen sahen die Einkaufspaläste gigantisch aus. Die architektonischen Meisterwerke beeindruckten durch eine anspruchsvolle Gestaltung im Inneren wie im Äußeren. Auch heute noch verzaubert die Fassade des Londoner Kaufhauses Harrods mit ihren 12.000 Glühbirnen die Passanten – wie mag das erst 1903, im Jahr der Fertigstellung des heutigen Gebäudes, gewirkt haben?

Eine revolutionäre Form des Einkaufens

Das neuartige Konzept der Warenhäuser fand auf der ganzen Welt Anklang, doch was machte die Konsumtempel so modern und revolutionär? Da wären zum einen die kurzen Wege. Alles, was eine Familie zum täglichen Leben brauchte, fand sie im Warenhaus unter einem Dach: Geschirr und Gewürze, Nachttopf und Nähzeug, Porzellan und Puder – ja sogar Särge und Munition bot das Berliner Kaufhaus Wertheim in der Leipziger Straße Anfang des 20. Jahrhunderts an. Man musste nun also nicht mehr von Geschäft zu Geschäft hasten, sich der Unbill des Wetters aussetzten oder seine Einkäufe über weite Strecken mit sich schleppen – man ging ganz einfach ins Warenhaus und erhielt dort alles, was man wünschte. Und man konnte diese Waren vor dem Kauf auch ausführlich begutachten, denn sie lagen offen aus. Selbst zugreifen durften die Kunden der frühen Warenhäuser allerdings noch nicht, denn Selbstbedienung gibt es erst seit den 1960er-Jahren. Erwies sich die Ware als fehlerhaft oder passte nicht, gab es ein großzügiges Umtausch- oder Rückgaberecht – auch das war vorher noch nie da gewesen. Dieses völlig neue Einkaufskonzept zog die Kunden in Scharen an, und zwar Menschen aus allen Gesellschaftsschichten: Adlige ebenso wie Arbeiter- oder Handwerkerfrauen. Durch die Massenproduktion in den Fabriken konnte sich nun jedermann hochwertige Produkte leisten, und diese fanden die Kunden bei Tietz oder Wertheim, Harrods oder Liberty's, in den Galeries Lafayette oder bei Printemps. Wurde früher in den Geschäften noch fleißig gehandelt und gefeilscht, so gab es im Warenhaus nun Fixpreise – und diese mussten auch sofort bezahlt werden. Das bis dato noch weitverbreitete „Anschreibenlassen", bei dem die Kunden die Ware zwar sofort mitnahmen, aber erst später bezahlten, gehörte endgültig der Vergangenheit an, denn in der Anonymität eines Warenhauses mit seinen zahlreichen Verkäuferinnen und Kunden konnte niemand mehr den Überblick behalten.

Die Blumen- und Obstabteilung bei Fortnum & Mason lässt keinen Wunsch unerfüllt.

Und noch etwas schätzten die Kunden der ersten Warenhäuser, obwohl wir heute darüber eher lächeln: Sie hatten freien Eintritt und durften sich in den großen Gebäuden frei bewegen – und so wurde der Besuch im Warenhaus nicht selten zu einem Unterhaltungsausflug für Menschen, die sich sonst kein Vergnügen leisten konnten. Zu guter Letzt ist die Geschichte der Warenhäuser auch eng mit der Geschichte der Werbung verknüpft, denn Warenhäuser machten – für damalige Zeiten – aggressiv Reklame für ihre Produkte: auf Handzetteln, Plakaten, aber auch in Katalogen, mit denen Menschen außerhalb der großen Städte ihre Waren erwerben und zu sich nach Hause liefern lassen konnten. Auch das war vor über 150 Jahren eine völlig neue Idee.

Warenhausfamilien schreiben Geschichte

Wie der kleine Tante-Emma-Laden um die Ecke begannen auch die großen Warenhäuser häufig als Familienbetriebe. Sie wurden von revolutionären Kaufleuten gegründet, die das richtige Näschen für den Erfolg hatten und sich nicht scheuten, ganz neue Wege zu beschreiten. Deren Geschichte ist immer auch die Geschichte von Unternehmen, die einer Gesellschaft ihren Stempel aufdrückten und ihr Wachstum brachten. Wollen wir uns die Familien ansehen, die beinahe 150 Jahre lang den Einzelhandel auf der ganzen Welt geprägt haben …

KAPITEL 1

Die Anfänge der Warenhauskultur

Paris, wo sonst?

Im 19. Jahrhundert wurde Paris zur heimlichen Welthauptstadt. Die Metropole an der Seine war das Zentrum von Kunst, Kultur und Kommerz. Der Zusammenbruch des Ancien Régime löste eine gesellschaftliche Neuordnung aus: Der Adel verlor an Bedeutung, das Bürgertum prägte die Gesellschaft und durch die industrielle Revolution bildete sich eine Arbeiterklasse heraus. Frankreich befand sich im Umbruch – ideale Bedingungen also, um auch in der Einkaufswelt neue Wege zu beschreiten.

Vater der Warenhäuser

Aristide Boucicaut und das Le Bon Marché

‚Wissen, wie man verkauft, verkaufen können und verkaufen!' Das Publikum ahnt nicht, wie viel Großes Paris diesen drei Seiten desselben Problems verdankt. Der Prunk von Geschäften, die ebenso reich sind wie vor 1789, die Salons des Adels, der Glanz von Cafés, der oft und mühelos den von Neu-Versailles in den Schatten stellt, das Gewicht von Auslagen, die jeden Abend zerstört und jeden Morgen von Neuem geschaffen werden; die Eleganz und Vornehmheit der jungen Leute, die mit den Verkäuferinnen unterhandeln, die pikanten Gesichter und Toiletten der jungen Mädchen, die die Käufer anziehen sollen; und neuerdings die Tiefe, die ungeheuren Maße und der babylonische Turm der Galerien, wo die Spezialisten sich vereinigen und so die Ware monopolisieren, das alles ist nichts!

Honoré de Balzac in *Das Haus zur ballspielenden Katze*

AUCH FRANKREICHS großer Schriftsteller des 19. Jahrhunderts, Honoré de Balzac, zeigte sich beeindruckt von der Fülle der Warenhäuser. Heute zeugen oft nur noch die prächtigen Fassaden vom einstigen Glanz der Pariser Kaufhäuser. Eingangstore, die oft an Schlossportale gemahnten, Türme und Lichthöfe fielen den Wandlungen des Geschmacks zum Opfer. Im Inneren der traditionellen Warenhäuser trifft Alt auf Modern: Technische Neuheiten wie Rolltreppen gehen Hand in Hand mit geschwungenen Treppen und verzierten Treppengeländern, die an die Zeiten erinnern, zu denen alles anfing: die Mitte des 19. Jahrhunderts.

Der Siegeszug um die Welt beginnt mit Kurzwaren

Die Geschichte des ersten französischen Warenhauses – und des ersten Warenhauses überhaupt – beginnt 1838 im 7. Arrondissement von Paris. Damals eröffneten die Brüder Videau an der Kreuzung der Rue de Sèvres und der Rue du Bac ein Kurzwarengeschäft. Das Unternehmen am linken Seineufer war bescheiden und hatte gerade einmal zwölf Angestellte, doch das sollte sich bald ändern: 1848 stiegen Aristide Boucicaut und seine Frau Marguérite als Teilhaber in dieses Geschäft ein und übernahmen vier Jahre später die Mehrheit der Anteile. Das war die Geburtsstunde des ersten Warenhauses der Pariser Geschichte.

Porträt des französischen Kaufmanns und Eigentümers des Le Bon Marché Aristide Boucicaut, Ölgemälde von 1875

AU BON MARCHÉ
NOUVEAUTÉS
Maison Aristide BOUCICAUT - PARIS
Exposition Spéciale
DE
TAPIS
Ameublements
ET
LINGE DE MAISON
Lundi 18 Septembre
ET
Jours Suivants

Das neue Konzept kommt an

In nur wenigen Jahren machten die Boucicauts aus dem kleinen Unternehmen ein Großwarenhaus auf mehreren Etagen, das über ein breites Sortiment verfügte und seine Waren zu festen Preisen verkaufte. Ebenfalls neu war die intensive Werbung, die Aristide Boucicaut für Le Bon Marché machte. Unter anderem führte er Sammelbilder als Werbemittel für sein Kaufhaus ein und sorgte somit dafür, dass das Le Bon Marché bald in aller Munde war. Boucicauts Warenangebot war für jedermann erschwinglich – das versprach schon der Name des Warenhauses: „bon marché" bedeutet nichts anderes als „preiswert". Diese günstigen Preise konnte sich Boucicaut unter anderem deshalb leisten, weil er den Zwischenhandel umging und direkt bei den Produzenten einkaufte. So hatte er erheblich geringere Einkaufspreise. 1856 begann Le Bon Marché mit dem Versandgeschäft. Per Katalog kam nun ganz Frankreich in den Genuss der Pariser Mode, und die Damen in der Provinz konnten sich nach dem letzten Schrei kleiden. Auch mit diesem Konzept waren die Boucicauts in Frankreich Vorreiter.

Olympische Ehren

1914 erhielt das Le Bon Marché den Auftrag, die offizielle Flagge für die Olympischen Sommerspiele 1916 in Berlin herzustellen. Zum ersten Mal sollte sie das neue Symbol der Olympischen Spiele, die olympischen Ringe, zeigen. Doch das Warenhaus brauchte einen langen Atem: Wegen des Ersten Weltkriegs fielen die Spiele aus und so erlebten die Ringe erst 1920 im belgischen Antwerpen ihr Olympiadebüt.

Obwohl das neue Ladenkonzept großen Erfolg hatte und schon bald etliche Nachahmer in Frankreich und im Rest der Welt fand, gab es jemanden, der über diese Entwicklung gar nicht glücklich war: Paul Videau, der das kleine Geschäft einst zusammen mit seinem Bruder gegründet hatte. Er hatte Bedenken gegenüber dem massiven Expansionskurs, den Aristide Boucicaut anstrebte, und misstraute dessen Innovationen. So sehr, dass er aus dem gemeinsamen Unterfangen aussteigen wollte. Die Boucicauts zögerten nicht lange und erwarben 1863 auch die restlichen Anteile am Unternehmen. Endlich konnten sie schalten und walten, wie sie wollten – und der Erfolg gab ihnen recht.

Ein innovatives Gebäude für eine revolutionäre Geschäftsidee

Vier Jahre später ließ Boucicaut vom Architekten Louis Auguste Boileau das heutige Geschäftsgebäude in der Rue de Sèvres errichten. Nur zwei Jahre später wurde das Haus unter der Mitwirkung von Frankreichs späterem Staringenieur Gustave Eiffel erweitert. Sowohl Boileau als auch Eiffel waren Pioniere auf ihrem Gebiet, denn sie waren die Ersten, die Eisen und Glas als funktionelle Teile in ihren Bauwerken verwendeten. Eisenträger ermöglichten es, große Glasfenster einzubauen, sodass das Innere des Hauses von Tageslicht durchflutet wurde. Noch heute lassen die Lichthöfe mit ihren flachen Glasdecken die Atmosphäre, die einst in diesem Konsumtempel geherrscht

Der Beginn des Marketings: Veröffentlichung des Le Bon Marché Ende des 19. Jahrhunderts, mit der Möbel und andere Einrichtungsgegenstände beworben werden

Le Bon Marché: Innenansicht der opulenten Verkaufsräume aus dem Jahr 1855

haben muss, erahnen. Durch die weiten und offenen Räume konnten die Waren ansprechend präsentiert und inszeniert werden – bis heute greifen Warenhäuser dieses Prinzip auf. Als das Gebäude 1887 fertiggestellt wurde, umfasste seine Verkaufsfläche 52.800 Quadratmeter. Aristide Boucicaut konnte sich daran jedoch nicht mehr erfreuen: Er war bereits 1877 im Alter von 67 Jahren gestorben.

Aristide Boucicaut: ein Visionär des Einzelhandels

Wer war der Mann, der die Landschaft des Einzelhandels so nachhaltig veränderte? Aristide Boucicaut wurde 1810 in Bellême in der Normandie geboren. Seine Einzelhandelskarriere begann noch ganz bescheiden im Hutgeschäft seines Vaters, doch mit 18 Jahren begann er, als fahrender Stoffhändler zu arbeiten. Ein Jahr später ließ er sich in Paris nieder, wo er eine Stelle als Verkäufer in einem Laden namens Petit Saint-Thomas fand. Hier hörte er zum ersten Mal von Fixpreisen, und auch in Sachen Marketing beschritt dieses Geschäft ungewöhnliche Wege: Während ihre Mütter die Einkäufe erledigten, konnten Kinder auf einem Esel reiten. Man kann sich nur zu gut vorstellen, wie die kleinen Jungen und Mädchen von Paris gebettelt haben: „Mami, können wir zu Petit Saint-Thomas gehen? Ich bin auch die ganze Woche brav!“

Im Petit Saint-Thomas arbeitete sich Boucicaut schnell zum Abteilungsleiter der Schalabteilung hoch – und er verliebte sich: in Marguérite Guérin, eine junge Verkäuferin in einem Milchgeschäft, in dem er jeden Tag einkehrte. 1836 heirateten die beiden, drei Jahre später wurde ihr einziger Sohn geboren, der jedoch bald darauf verstarb.

1855 – nur drei Jahre nachdem die Boucicauts die Mehrheit der Anteile des Le Bon Marché übernommen hatten – fand in Paris ein Ereignis statt, das Aristide Boucicaut nachhaltig beeindruckte: In einem temporären Ausstellungspalast zwischen Champs-Élysées und der Seine fand die erste Pariser Weltausstellung statt, die über fünf Millionen Besucher in die Metropole lockte. Zu sehen waren dort kulinarische Köstlichkeiten aus aller Herren Länder, Waren in Hülle und Fülle aus allen Ecken der Welt. Und Aristide Boucicaut, ganz der findige Kaufmann, hatte eine Idee: Wenn so viele Menschen aus ganz Frankreich und dem restlichen Europa anreisten, nur um diese Dinge zu sehen – könnte man daraus nicht vielleicht Kapital schlagen? Den Menschen ein permanentes Angebot an Waren aus aller Welt präsentieren, die sie auch käuflich erwerben konnten? An einem Ort, an dem sie ungeniert bummeln und die verschiedenen Produkte begutachten können, ohne gleich etwas kaufen zu müssen? Viel Platz müsste ein solches Geschäft haben und in unterschiedliche Abteilungen gegliedert sein, damit Nahrungsmittel, Mode und Schmuck optimal präsentiert werden. Und auch die Preispolitik sollte etwas Besonderes sein: Die Waren sollten preiswert angeboten werden, auch wenn das für Boucicaut bedeutete, dass seine Gewinnspanne bei den einzelnen Produkten erst einmal geringer ausfiel. Doch dies würde er durch ein großes Warenangebot und regelmäßige Schlussverkäufe, bei denen er sich von überschüssiger Ware trennte, wieder wettmachen. All diese Überlegungen flossen in Boucicauts Konzept seines Warenhauses ein: Ein Besuch im Le Bon Marché sollte die Kundinnen und Kunden so sehr zum Staunen bringen, dass sie gerne bereit waren, ihren Geldbeutel zu öffnen.

Nicht nur die Kunden profitierten von Aristide Boucicauts Innovationen, auch die Angestellten wurden für die damalige Zeit sehr großzügig behandelt. Sie bekamen Provisionen für erfolgreiche Verkäufe, wurden am Gewinn des Warenhauses beteiligt, erhielten Versicherungsschutz und konnten an Musik- und Sprachkursen teilnehmen. Andererseits

Pferdewagen vor dem Pariser Kaufhaus Le Bon Marché zur Auslieferung der Waren an die Kunden. Fotopostkarte, um 1900.

An die sozialen Aktivitäten von Marguérite Boucicaut erinnert heute ein Monument am Square Boucicaut gegenüber dem Le Bon Marché.

wurde das Verkaufspersonal schon bei geringen Beschwerden bestraft, bis hin zur fristlosen Kündigung, wie Émile Zola in seinem Roman *Das Paradies der Damen* beschreibt. Der Kunde war auch damals schon König.

Aristide Boucicaut war nicht nur im kaufmännischen Bereich erfolgreich, sondern auch in der Gesellschaft ein hoch angesehener Mann. Zusammen mit seiner Frau lebte er südwestlich von Paris in Fontenay-aux-Roses, in einem Haus, das „Château Boucicaut" genannt wurde. Boucicaut saß dort im Stadtrat und wurde 1871 sogar zum Bürgermeister der Gemeinde gewählt. Doch obwohl dies eine große Ehre für ihn bedeutete, war der Geschäftsmann offenbar nicht an einer politischen Karriere interessiert – nach nur einem Tag legte er sein Amt nieder und diente seiner Gemeinde lieber weiterhin als Stadtrat.

Auch das Personal passte dazu, ein Haufen Stutzer, die herumhantierten wie in einem Bahnhof; sie behandelten die Waren und die Käufer wie Pakete, verließen ihren Chef und wurden entlassen für nichts, mit einem einzigen Wort …

Émile Zola in *Das Paradies der Damen*

Nach Aristide Boucicauts Tod im Jahr 1877 führte seine Witwe Marguérite das Geschäft allein weiter. Das Unternehmen hatte mittlerweile 1788 Mitarbeiter, sein Jahresumsatz betrug 72 Millionen Francs – das 160-Fache des Umsatzes von 1852. Nach ihrem Tod 1887 stiftete Marguérite Boucicaut ihr gesamtes Vermögen wohltätigen und wissenschaftlichen Organisationen, darunter dem Institut Pasteur. Auch ein Krankenhaus wurde mit Geldern aus ihrem Erbe errichtet. An Marguérite Boucicaut erinnert heute ein Monument am Square Boucicaut, direkt gegenüber dem Le Bon Marché. Nach ihrem Mann wurde 1937 eine Station der Pariser Métro benannt. Doch das größte Vermächtnis der Boucicauts ist ihr Warenhaus, das heute noch als einziges Kaufhaus am linken Ufer der Seine steht und einst eine Entwicklung auslöste, die 150 Jahre lang den Einzelhandel prägen sollte.

Das Le Bon Marché heute

Aristide Boucicauts Kaufhaus gehört seit 1984 der Gruppe Moët Hennessy Louis Vuitton (LVMH). Zwischen 1988 und 2010 wurde es von Philippe de Beauvoir geleitet, der es zum elegantesten Warenhaus von Paris machte. Neben der Mode von großen Marken bis zu jungen Designern kann sich vor allem die Feinkostabteilung „La Grande Epicérie“ sehen lassen: Mit einem Angebot von über 5000 Produkten aus aller Welt ist sie die größte Feinkostabteilung von Paris. Eine weitere Neuerung unter de Beauvoir sind die kulturellen Ausstellungen, die regelmäßig in der zweiten Etage des Warenhauses stattfinden. De Beauvoirs Nachfolger wurde Patrice Wagner, der zuvor das KaDeWe in Berlin geleitet hatte. Er möchte vor allem die Luxussparte des Kaufhauses ausbauen und so das Warenhaus neu positionieren.

Blick von der Galerie ins Erdgeschoss des Le Bon Marché und auf den imposanten Kronleuchter

695
200
Cémoi
PICON
MÈRE PICON
Rocher
LAIT MONT BLANC

Die Konkurrenz zieht nach

Die Grands Magasins du Louvre, das Printemps und A La Belle Jardinière

Die Gründung des ‚Bon Marché' 1852, des ‚Grands Magasins du Louvre' 1855, des ‚Printemps' 1865 und der ‚Samaritaine' 1870 machten aus Frankreich ein Pionierland des modernen Einzelhandels, ja … der Konsumgesellschaft schlechthin.

Heinz-Gerhard Haupt, *Konsum und Handel im 19. und 20. Jahrhundert*

WIE ÜBERALL SCHLIEF AUCH IN PARIS Mitte des 19. Jahrhunderts die Konkurrenz nicht. Neben den Kunden waren auch andere Geschäftsleute begeistert von den bahnbrechenden neuen Einkaufswelten der Boucicauts. So bekam das Le Bon Marché schon bald Konkurrenz am anderen Seineufer.

Die Grands Magasins du Louvre

Im Jahre 1855, drei Jahre nach dem Le Bon Marché, öffneten die Grands Magasins du Louvre ihre Pforten. Damals schlossen sich Alfred Chauchard, ein kleiner Angestellter des Geschäfts „Au Pauvre Diable", Auguste Hériot und Charles Eugène Faré zusammen und mieteten das Erdgeschoss des Grand Hôtel du Louvre in der Rue de Rivoli. Dort eröffneten die drei Kompagnons ein Modegeschäft, das sie „Les Galeries du Louvre" nannten. Doch der Erfolg ihres Unternehmens ließ zunächst auf sich warten, deshalb stieg Faré nur zwei Jahre nach der Eröffnung des Ladens aus. Er hätte noch ein wenig Geduld haben sollen, denn 1865 machten die Galeries du Louvre bereits einen Umsatz von 15 Millionen Franc, zehn Jahre später waren es 41 Millionen. Das Warenhaus hatte 2400 Mitarbeiter und Chauchard und Hériot wurden zu wohlhabenden Männern.

1875 erwarben sie das gesamte Gebäude und verlegten es auf die gegenüberliegende Seite der Place du Palais-Royal, wo es heute noch steht. Hier eröffneten nach zweijähriger Arbeit die Grands Magasins du Louvre. Das neue Kaufhaus ließ keine Kundenwünsche offen: In 52 Abteilungen fanden sie Seide in allen nur erdenklichen Farben, schottische Kiltstoffe, Spielzeug, Künstlerbedarf und vieles mehr.

Die Grands Magasins du Louvre: Innenansicht eines Verkaufsraums mit exquisiten Lebensmitteln zu Beginn der 1950er-Jahre

Verkäufer und Kunde im Gespräch: Perserteppiche im Le Printemps, 1907

Noble Herbergen
Nach dem Tod von Hériot 1879 übernahm sein Bruder Olympe dessen Anteile. 1885 verkaufte ihm Chauchard seine Beteiligung, um sich ganz der Kunst zu widmen. In der Folgezeit eröffnete die Societé du Louvre, wie das Unternehmen nun hieß, weitere Hotels: das Hôtel Concorde Saint-Lazare und das Hôtel de Crillon an der Place de la Concorde.

In der Nacht vom 23. auf den 24. September 1943 fand die Erfolgsgeschichte der Grand Magasins du Louvre ein jähes Ende. Ein Bomber der britischen Luftwaffe wurde von einem deutschen Flakgeschütz getroffen und explodierte direkt über dem Warenhaus. Das Gebäude geriet in Brand und wurde vollständig zerstört. Im Inneren verursachte die Explosion einen gewaltigen Krater. Der kanadische Pilot und seine sechs Besatzungsmitglieder konnten zwar mit dem Fallschirm ihr Flugzeug verlassen, starben aber beim Aufprall auf den Dächern des Louvre. Im Jahre 1974 verschwand das Kaufhaus dann endgültig. Heute beherbergt das Gebäude Büros sowie den „Louvre de Antiquaires", einen Zusammenschluss verschiedener Antiquitätenhändler.

Der Frühling macht alles neu: Le Printemps

Am Boulevard Hausmann, im 9. Arondissement von Paris, eröffneten 1865 die Grands Magasins du Printemps, heute kurz als Le Printemps bekannt.

Alles dort wird neu, frisch und lieblich und des Namens ‚Printemps' würdig sein.

Werbeslogan von Le Printemps

Diese Vision hatte Jules Jaluzot (1834–1916), der Gründer des Kaufhauses Le Printemps. Der charismatische Unternehmer war ein „Selfmademan", der auf dem politischen Parkett ebenso zu Hause war wie in den Salons von Paris. Im Alter von 19 Jahren beschloss er, Kaufmann zu werden, obwohl seine Eltern eigentlich eine militärische Laufbahn für ihn vorgesehen hatten. Er arbeitete in mehreren Pariser Geschäften, bevor er schließlich als Verkäufer in einem Warenhaus landete, und zwar in Aristide Boucicauts Le Bon Marché. Unter den vielen Kunden und Kundinnen, die ihre Einkäufe im Le Bon Marché erledigten, befand sich eines Tages auch eine gewisse Augustine Figeac. Figeac und Jaluzot müssen sich sympathisch gewesen sein, denn 1864 wurde Augustine Figeac Jaluzots Ehefrau und brachte 300.000 Franc mit in diese Ehe – ein großes Vermögen, verglichen mit dem bescheidenen Einkommen ihres Ehemannes. Mit seinem neuen Reichtum konnte Jaluzot seinen Traum verwirklichen: ein eigenes Geschäft zu eröffnen. Und er gab sich nicht etwa mit einem kleinen Modegeschäft zufrieden, sondern ein Warenhaus sollte es sein, das selbst dem Le Bon Marché den Rang ablaufen konnte.

Dabei bewies Jaluzot viel Geschäftssinn, denn als Ort für sein Warenhaus wählte er das aufstrebende Viertel Saint-Lazare. Am nahe gelegenen Bahnhof Gare Saint-Lazare endeten zu dieser Zeit fünf Bahnlinien und Jaluzot erkannte das Potenzial, das eine Gegend mit hohem Durchgangsverkehr einem Warenhaus bot. Deshalb wählte er als Standort für sein neues Geschäft die Kreuzung des Boulevard Hausmann mit der Rue du Havre. Die berühmten Architekten Jules und Paul Sédille wurden mit der Planung beauftragt, und als das Printemps am 3. November 1865 seine Türen öffnete, lockte es von Anfang an die Kunden in Scharen an den Boulevard Hausmann. Neben den Innovationen, die er von Aristide Boucicaut übernahm, führte Jaluzot als Erster offizielle Schlussverkaufszeiten ein, die seinem Geschäft zu Wohlstand verhalfen.

Stürmische Zeiten

1881 kam es dann zur Katastrophe: Das Kaufhaus wurde durch einen Brand komplett zerstört und konnte erst zwei Jahre später wieder eröffnet werden. Erneut war Paul Sédille mit der Planung beauftragt und setzte das neue Warenhauskonzept mit viel Eisen und Glas um. Etliche Galerien reihten sich um das Hauptschiff und konnten über eine

Heiß begehrte Ware bei den Pariser Herren: Straßenverkauf vor dem Warenhaus Le Printemps, 1925

imposante Treppe erreicht werden. 1888 bekam das Printemps als erstes Warenhaus in Paris elektrischen Strom. Die Stromversorgung stellten fünf Dampfmaschinen sicher, die auch die Aufzüge antrieben. Gewitzt, wie Jaluzot nun einmal war, baute er diese Dampfmaschinen in sein Warenhauskonzept ein: Durch eine große Glaswand konnten Kunden dieses Kraftwerk beobachten – so waren auch die Männer beschäftigt, während ihre Frauen auf die Jagd nach Samt und Seide, Rüschen und Spitzen gingen. 1904 wurde das Printemps an die Métro angeschlossen und war somit das erste Kaufhaus mit einem direkten Zugang zur U-Bahn.

Der Weg ins 21. Jahrhundert

Auch politisch war Jaluzot sehr aktiv und saß mehrere Amtszeiten als Abgeordneter im französischen Parlament. Über all der politischen Arbeit verlor er wohl sein Kaufhaus ein wenig aus den Augen, denn um die Jahrhundertwende stand es kurz vor dem Konkurs. Daher wurde Jaluzot 1905 durch Gustave Laguionie ersetzt, der sich fortan um die Geschäfte am Boulevard Hausmann kümmerte – erfolgreich, wie es scheint, denn Anfang des 20. Jahrhunderts musste das Gebäude erweitert werden.

Der Architekt René Binet beaufsichtigte den Bau eines zweiten Warenhauses – des heutigen Printemps – im Jugendstil. Dort befindet sich auch das berühmteste Wahrzeichen des Gebäudes: die 42 Meter hohe Jugendstil-Glaskuppel mit ihren Glasmalereien, unter der sich heute die „Brasserie Printemps“ befindet. 1921 wurde das prunkvolle Geschäft erneut von den Flammen verschlungen und mühevoll wieder aufgebaut. So groß war im Zweiten Weltkrieg die Angst, die Jugendstil-Kuppel könne einem Bombenangriff zum Opfer fallen, dass sie 1939 abgebaut und in Clichy gelagert wurde. Auch die Fassade des Warenhauses ist einen zweiten Blick wert, denn sie wird von den „Vier Jahreszeiten“ geschmückt: vier Statuen des französischen Bildhauers Henri Chapu. Seit 1975 sind Fassade und Kuppel des Printemps ein eingetragenes historisches Monument. Und noch eine Überraschung hat dieses Warenhaus zu bieten: Wer sich bis in die 9. Etage vorarbeitet, wird mit einem fantastischen Blick von der Aussichtsterrasse belohnt: Ganz Paris, von der Oper bis zur Madeleine, vom Eiffelturm bis zum Montmartre, liegt den Besuchern zu Füßen. [1]

Der Frühling lockt mit Sonderangeboten

Ganz klar, dass ein Kaufhaus, das den Frühling im Namen trägt, diese Jahreszeit auch ganz besonders feiert. Bis heute erhalten alle Kunden am 21. März, dem Frühlingsanfang, einen Strauß Veilchen geschenkt.

[1] Von 1992 bis 2005 gehörte Le Printemps zur französischen PPR-Gruppe. 2006 wurde das Warenhaus an ein Konsortium von Deutscher Bank und der italienischen Borletti-Gruppe verkauft, zu der auch die italienische Kaufhauskette La Rinascente gehört. Heute exportiert das Printemps seinen Pariser Schick auch in andere Länder und Kontinente: Filialen des berühmten Kaufhauses gibt es in Andorra, Tokio und Dschidda.

Mode zu Fixpreisen: A La Belle Jardinière

Bereits 1824 eröffnete Pierre Parissot am Quai aux Fleurs ein Modegeschäft, in dem er Kleidung zu festen Preisen verkaufte. Die Erfindung der Nähmaschine nur fünf Jahre später ermöglichte es ihm, sein Geschäft erheblich zu erweitern. Der Laden wuchs allmählich und auch der Umsatz steigerte sich kontinuierlich. 1856 verfügte Parissot über ein Kapital von drei Millionen Franc, als das Unternehmen 1930 in eine Aktiengesellschaft umgewandelt wurde, betrug sein Kapital 196 Millionen Francs.

Die ganze Zeit über hielt A La Belle Jardinière an seinem ursprünglichen Konzept fest: das einzige Pariser Warenhaus zu sein, das sich nur einem einzigen Geschäftsbereich widmete, denn es bot fertige Kleidung in großen Mengen an – zu einem Preis, den sich Frankreichs neue Mittelschicht leisten konnte. Damit hatte Parissot großen Erfolg und sein kleines Geschäft war bald nur noch das Mutterhaus einer Ladenkette, die in ganz Frankreich Filialen unterhielt. 1840 waren es bereits 190 Filialen, 20 Jahre später 322. A La Belle Jardinière hatte für alle gesellschaftlichen Gruppen etwas zu bieten: Schulen ließen dort ihre Kleider herstellen und im Ersten Weltkrieg konnten französische und alliierte Offiziere dort ihre Uniformen erwerben.

Werbeanzeige des Belle Jardinière von 1927

Das Ende der „schönen Gärtnerin“
Parissots Konzept funktionierte bis in die 1970er-Jahre. Dann wurde A La Belle Jardinière von der Agache-Willot-Gruppe aufgekauft. Doch der Konzern war hauptsächlich an den Immobilien interessiert und nutzte die Läden, um „Conforama“, ein Möbel- und Einrichtungshaus, darin unterzubringen. Das Gebäude in der Rue Pont-Neuf, in dem sich das Stammhaus von A La Belle Jardinière befand, wurde von der Gruppe Moët Hennessy Louis Vuitton (LVMH) erworben, der auch schon La Samaritaine, ein weiteres berühmtes Pariser Warenhaus, gehörte. Heute befinden sich in diesem Gebäude Filialen von Conforama, Darty (ein Elektromarkt) und das Möbelhaus Habitat.

Ein literarisches Denkmal

Émile Zola und Aristide Boucicaut

„Alle waren sich darüber einig, dass der Chef der beste Dekorateur von ganz Paris sei, ein wahrhaft revolutionärer Dekorateur, der in der Kunst der Schaufensterdekoration die Schule des Brutalen und Kolossalen begründet hatte. Er verlangte scheinbar ungeordnete, wie zufällig aus den geleerten Fächern herausgefallene Massen und wünschte, dass sie in den glühendsten Farben flammten und sich wechselseitig in der Wirkung steigerten. Den Leuten müssten die Augen weh tun, wenn sie aus dem Geschäft kämen, pflegte er zu sagen."

Émile Zola in *Das Paradies der Damen*

ÉMILE ZOLA (1840–1902) war einer der größten französischen Romanciers des 19. Jahrhunderts und gilt als Leitfigur und Begründer des Naturalismus – einer literarischen Strömung, die die Literatur des späten 19. Jahrhunderts im gesamten Europa prägte.

Eine genaue Abbildung der Wirklichkeit

Der Naturalismus setzte sich zum Ziel, die Natur sehr genau zu beobachten. Die Schriftsteller wollten das Leben möglichst exakt abbilden und gingen dabei mit gleichsam wissenschaftlicher Methodik vor. Dies passte in eine Zeit, in der die Naturwissenschaften einen Aufschwung erlebten und große gesellschaftliche Umwälzungen stattfanden. In der Naturwissenschaft hatten Charles Darwin mit seiner Theorie der natürlichen Selektion – nur die stärksten, am besten an ihre Umwelt angepassten Individuen überleben – und Gregor Mendel mit seinen Vererbungsregeln revolutionäre Thesen veröffentlicht. In der Gesellschaft führten Industrialisierung und Verstädterung zur Entstehung eines Proletariats, das in Armut und Elend lebte. Der Naturalismus sah hier nicht weg, sondern beschäftigte sich auch mit „hässlichen" Dingen, mit Arbeitern, Prostituierten und Säufern, die sonst in der Literatur nur Randgestalten waren. In Deutschland verkörperte unter anderem Gerhart Hauptmann mit Dramen wie *Vor Sonnenaufgang* (1889) und *Die Weber* (1892) diese literarische Strömung, in Skandinavien waren der Norweger Henrik Ibsen (u. a. *Nora oder Ein Puppenheim*) und der Schwede August Strindberg bedeutende Vertreter des Naturalismus.

32 Karikaturen illustrieren den Roman Das Paradies der Damen *von Émile Zola.*

Le bonheur des Dames

Doch kein Schriftsteller verkörpert den Naturalismus so sehr wie der Franzose Émile Zola. Der Sohn eines italienisch-österreichischen Eisenbahningenieurs und einer französischen Mutter erzielte seinen literarischen Durchbruch mit dem Roman *Therèse Raquin* (1867). Im Vorwort zur zweiten Auflage von 1868 legte er seine literarische Vision dar, die zugleich zu einem Manifest des Naturalismus wurde. Die meisten seiner Romane konzipierte Zola als Teil eines Zyklus mit dem Titel „Die Rougon-Macquart. Die Natur- und Sozialgeschichte einer Familie im Zweiten Kaiserreich".[2] Zu den bekanntesten Romanen des Zyklus zählen *Nana* (1879/1880), die Geschichte einer Prostituierten, *Der Totschläger* (1877), der die Auswirkungen des Alkoholismus in der Pariser Unterschicht beschreibt, und *Germinal* (1885), der sich mit den unmenschlichen Verhältnissen in französischen Bergwerken beschäftigt.

Das Kaufhaus als sozialer Mikrokosmos

Von Armut und Elend der Bergarbeiter zur Glitzerwelt eines Pariser Warenhauses scheint es ein großer Sprung zu sein. Doch genau davon handelt *Das Paradies der Damen*, der elfte Band des Zyklus, der 1884 erschien. Hauptfigur des Romans ist Denise Baudu, die aus der Provinz nach Paris kommt und in einem Kaufhaus namens „Paradies der Damen" eine Stelle als Verkäuferin findet. Anhand ihrer Geschichte beschreibt Zola den Aufstieg des Kaufhauses und den Niedergang des kleingewerblichen Einzelhandels in einem Pariser Stadtviertel. Alle Figuren des Romans sind mit dem Kaufhaus verbunden, als Mitarbeiter, Kunden oder konkurrierende Einzelhändler in der Umgebung. Ein weiterer Protagonist ist der Inhaber des Kaufhauses, ein Mann namens Octave Mouret. Bei der Darstellung von dessen Geschäftspraktiken und seines Lebens in der feinen Pariser Gesellschaft orientierte sich Zola ganz klar an Aristide Boucicaut, dem Gründer des Le Bon Marché. Mouret will die Kundinnen zum Kauf verführen, indem er ihre Sinne überflutet. Eine unglaubliche Auswahl an Produkten, die er verführerisch präsentiert, soll den Kundinnen das Geld aus der Handtasche locken.

Frühes Marketing

Produkt von Zolas Recherchen ist neben seinem Roman auch eine 380 Seiten starke Dokumentation, die in der Pariser Nationalbibliothek steht. Darin beschreibt er bereits moderne Marketingstrategien wie Lockangebote zu billigen Preisen, die die Kunden in den Laden ziehen sollen, und Luftballons für Kinder, mit denen diese unfreiwillig zu Werbeträgern werden.

Weitere Mittel, um die Kundschaft in sein Warenhaus zu ziehen, sind Reklame, Schlussverkäufe mit großen Preisnachlässen, ein Lieferservice, Um-

[2] Im Mittelpunkt stehen dabei zwei Zweige einer Familie: die bürgerlichen Rougons und die Macquarts aus der Unterschicht. Die einzelnen Figuren werden dabei als völlig determiniert dargestellt – entweder durch ihr Milieu, durch die sozioökonomischen Verhältnisse des Zweiten Kaiserreichs oder auch durch ihre Erbanlagen wie den Hang zum Alkoholismus.

tausch- oder Rückgabemöglichkeiten sowie eine Bibliothek und ein Café. Da die kleineren Läden in der Umgebung des Kaufhauses mit diesen Geschäftspraktiken nicht mithalten können, müssen die Einzelhändler ihre Geschäfte aufgeben. Auch die Damenwelt setzt Mouret für seine Zwecke ein: Er benutzt eine junge Witwe, um an eine politische Persönlichkeit (angelehnt an Baron Haussmann) heranzukommen und seinem Kaufhaus so eine günstige Lage an einer Durchfahrtsstraße zu sichern. Obwohl Octave Mouret für Frauen nicht viel übrig hat, verliebt er sich dennoch in Denise, die seinen Avancen zunächst jedoch widersteht. Erst am Ende gesteht sie ihm ihre Liebe und die beiden heiraten – ein Triumph der Frau über einen Mann, der Frauen hauptsächlich ausnützt, indem er sie über ihre eigenen Sinne gefügig macht. Immer wieder verwendet Zola eine religiöse Metaphorik für das Warenhaus, bezeichnet es als „Kathedrale des Konsums" und spielt damit nicht nur auf das Äußere vieler Warenhäuser an, die tatsächlich Palästen oder Kirchen ähneln. Schon damals erschien ihm der Konsum als eine neue Religion – ein Gedanke, der im 19. Jahrhundert noch ganz neu war, denn bis zur Entstehung des Warenhauses war der Konsum noch dem Adel und dem wohlhabenden Bürgertum vorbehalten und zog sich bei Weitem noch nicht durch alle Gesellschaftsschichten.

Akribische Recherchen

In seinem Roman hat Zola viele Innovationen des Le Bon Marché verewigt, darunter den Versandhandel. Die Abläufe im Kaufhaus beschreibt Zola aus der Perspektive der Verkäuferin Denise: ihren 13-Stunden-Arbeitstag, das schlechte Essen, das die Angestellten des Kaufhauses bekamen, und die einfachen Unterkünfte, die den weiblichen Mitarbeitern zur Verfügung gestellt wurden. Im „Paradies der Damen" will jeder Umsatz machen, und um dieses Ziel zu erreichen, wird oft mit harten Bandagen gekämpft. Klatsch und Tratsch sind an der Tagesordnung. Wie bei all seinen Romanen recherchierte Zola auch hier akribisch und führte zahlreiche Interviews mit Geschäftsführern, Abteilungsleitern und Verkäuferinnen der Warenhäuser Le Bon Marché und Grands Magasins du Louvre. Aus diesen Informationen bastelte Zola sein ideales Warenhaus, dessen Verwaltung sich an der des Le Bon Marché orientierte, während die Grands Magasins du Louvre seiner Meinung nach ihre Waren besser präsentierten.

Das Paradies der Damen: *Verfilmung des gleichnamigen Romans von Émile Zola mit Michel Simon und Blanchette Brunoy in den beiden Hauptrollen*

Das Warenhaus in der Literatur

Neben Émile Zola mit seinem bekannten *Paradies der Damen* beschäftigten sich noch weitere Schriftsteller mit Warenhäusern. Dabei wird keineswegs immer ein rosiges Bild der neuen Einkaufswelten gezeichnet.

Margarete Böhme: das übermächtige Kaufhaus

Die deutsche Schriftstellerin Margarete Böhme (1867–1939) ist heute fast in Vergessenheit geraten. Als eines ihrer gelungensten Werke gilt der Kaufhausroman *W.A.G.M.U.S* (1911). Darin beschreibt Böhme die Geschichte eines Warenhauses, dessen Aufstieg vor allem darauf beruht, dass es seine Mitbewerber mit unschlagbar günstigen Preisen vom Markt drängt – Margarete Böhme ließ sich also nicht vom Glanz und Glitzer der Warenhauswelt blenden. Die Umschlaggestaltung ihres Romans ähnelte sogar der Fassade des Kaufhauses Wertheim in der Leipziger Straße in Berlin.

LES ROUGON-MACQUART

AU BONHEUR
DES DAMES

PAR

ÉMILE ZOLA

QUARANTE-CINQUIÈME MILLE

PARIS
G. CHARPENTIER, ÉDITEUR

Verkäuferin – ein Traumberuf?

In seinem Gedicht „Abendschluss" beschreibt der elsässische Lyriker Ernst Stadler (1883–1914), wie die Verkäuferinnen nach Geschäftsschluss aus einem Warenhaus drängen und schnell ein bisschen Leben in die verbleibenden Stunden quetschen, bevor sie allzu früh wieder ihre Betten verlassen müssen und zu einem neuen anstrengenden Arbeitstag antreten.

Vom Aufstieg eines Warenhauses

1980 veröffentlichte der Brite Michael Pearson seinen Roman *Das Warenhaus.* Darin beschreibt er, wie ein gewisser Thomas Kingston im Jahre 1869 ein Geschäft eröffnet, das alles unter einem Dach vereint, was die Menschen brauchen. Seine kühnen Träume versucht er mit allen Mitteln zu verwirklichen und lässt sich dabei auch von Krieg, Streiks, Bränden, geschäftlichen Rivalitäten und familiären Konflikten nicht abhalten. Rücksichtslos verdrängt er Geschäftspartner und holt sich finanzielle Unterstützung vom ahnungslosen Geliebten seiner Ehefrau. Und er hat Erfolg: Sein Lebenswerk wird so berühmt, dass es in London schlicht „das Warenhaus" genannt wird. Michael Pearson dürfte das Thema „Warenhaus" nur zu gut bekannt sein: Die Familie seiner Frau stellte sieben Jahrzehnte lang die Direktoren des Kaufhauses Harrods.

Porträt des Émile Zola

Ernest Cognacq und Marie-Louise Jaÿ

Der Traum vom La Samaritaine

„Das Samaritaine war wirklich beliebt, das Centre Pompidou seiner Zeit: offen und zugänglich mit seinen freigelegten Eisenträgern und ganz verglasten Wänden, den ansprechend fröhlichen Farben und dem unbeschwerten, jubilierenden Dekor. Wie das Centre Pompidou wurde das Samaritaine als respektlos angesehen und von hochnäsigen Kritikern verachtet, und dennoch war es ein Gebäude, das das Publikum erfreute; Menschen strömten in Massen hin, benutzten es, der Missachtung der gebildeten Elite zum Trotz.“

Meredith Clausen, *Art Noveau Theory and Criticism*

Ein kleines Mädchen träumt von den Spielsachen, die es sich wünscht: Werbeplakat des La Samaritaine von 1929.

„ON TROUVE TOUT À LA SAMARITAINE – Man findet alles bei La Samaritaine“ – der Slogan, mit dem das Kaufhaus La Samaritaine in den 1960er-Jahren warb, wurde zum geflügelten Wort in Frankreich. Und diesem Motto blieb das Pariser Urgestein auch bis zuletzt treu: Von Designermöbeln über Bettwäsche bis hin zu individuell entworfenen Badeschuhen fanden Kundinnen und Kunden im „La Samar“ alles, was ihr Herz begehrte. Doch seit 2005 ist eines der berühmtesten Pariser Warenhäuser geschlossen. Bevor wir uns diesem unrühmlichen Ende des Traditionshauses zuwenden, reisen wir erst einmal weit in die Vergangenheit zurück: ins Jahr 1869 – das Jahr seiner Eröffnung.

Vom Krawattenverkäufer zum Warenhausmagnaten

Gegründet wurde La Samaritaine von Ernest Cognacq, der 1839 auf der Île de Ré an der französischen Atlantikküste geboren wurde. Sein Vater, ein Goldschmied, starb, als Ernest zwölf Jahre alt war, und fortan musste der Junge zum Lebensunterhalt seiner Familie beitragen. Das tat er als Verkäufer in verschiedenen Geschäften in La Rochelle und in Bordeaux. Nach drei Jahren lockte ihn der Ruf der großen, weiten Welt und Ernest suchte sein Glück in Paris. Leider hatte er dort nur wenig Erfolg, aber er gab nicht auf. Nach einer kurzen Rückkehr in die Heimat zog er 1856 erneut in die Stadt der Lichter – dieses Mal mit einem ganz anderen Ergebnis, denn schon bald machte er eine Begegnung, die

A LA SAMARITAINE
67 A 75 Rue de Rivoli - Pont Neuf & Monnaie
PARIS
JOUETS · ETRENNES 1929

Das Samaritaine war weit über die Grenzen von Paris bekannt. Ein Grund hierfür war sicherlich auch die besonders schöne Lage.

sein Leben nicht nur privat, sondern auch beruflich verändern sollte. Bei seiner Arbeit als Verkäufer im Geschäft La Nouvelle Héloïse lernte Ernest Cognacq Marie-Louise Jaÿ, eine Verkäuferin, kennen. Bald darauf machte er sich zum ersten Mal mit einem eigenen Laden selbstständig und verkaufte unter einem roten Sonnenschirm Krawatten auf dem Pont-Neuf, allerdings ohne nennenswerten Erfolg. Cognacq muss von seinem Traum überzeugt gewesen sein, denn er kämpfte mit allen Mitteln. 1869 kam ihm dann die zündende Idee: Er mietete den Nebenraum eines kleinen Cafés in der Rue de la Monnaie, in dem er öfters zu Gast war, und eröffnete dort erneut ein Geschäft. Die Lage war günstig, denn die Rue de la Monnaie führt direkt auf den Pont-Neuf – Laufkundschaft war also genug vorhanden und sie kam in Scharen. Nur zu gern ließen sich die Frauen von Cognacqs Komplimenten einwickeln. Stand ihnen der neue Schal nicht ganz hervorragend? Und auch die Männer amüsierten sich über die Scherze des charismatischen Geschäftsführers. Dieses Mal konnte sich Cognacq am Markt behaupten, auch wenn von seinem späteren mondänen Warenhaus zunächst noch nichts zu ahnen war. Zwei Jahre später hatte Cognacq nämlich immer noch nur zwei Angestellte.

Das Blatt wendete sich 1872, als Cognacq seine Marie-Louise zum Altar führte – 16 Jahre nachdem er sie kennengelernt hatte. War er sich erst jetzt seiner Gefühle sicher? Wollte er erst genug Geld verdienen, um eine Familie ernähren zu können? Oder war es Liebe auf den tausendsten Blick? Warum auch immer die beiden mit einer Heirat so lange warteten: Mit Marie-Louise gewann Cognacq viel mehr als nur eine treusorgende Ehefrau. Sie war eine intelligente Geschäftsfrau, die ihn mit ihrem Engagement und ihren eigenen finanziellen Mitteln tatkräftig unterstützte. Marie-Louise Jaÿ hatte in den Jahren vor ihrer Heirat als Erste Verkäuferin in der Konfektionsabteilung des Le Bon Marché gearbeitet und wusste daher genau, wie ein großes Warenhaus funktionierte. Und sie war sich sicher: Das können Ernest und ich ebenfalls erreichen. Wie Aristide Boucicauts großes Warenhaus unterteilten auch sie ihr Geschäft in verschiedene Abteilungen, die von verantwortungsvollen Verkäufern selbstständig geführt wurden. Und mit dieser Methode hatten sie Erfolg …

Das Geschäft wächst – in jedem Sinn
Schon vor 130 Jahren wehte ein Hauch von Pariser Schick durch die Abteilungen des La Samaritaine. Immer wieder mussten die Cognacqs ihr Geschäft vergrößern. Das geschah ganz einfach, indem sie die Nachbargebäude erwarben und umbauten – sie verdienten mittlerweile so gut, dass sie sich das leisten konnten. Zwischen 1883 und 1933 wurden ganze Häuserblocks in der Rue de la Monnaie umgebaut und neu eingerichtet. Die bedeutendste Renovierung fand in den Jahren 1903 bis 1907 unter der Leitung des Architekten Frantz Jourdain statt, der das Kaufhaus in der Kunstrichtung des Jugendstils umbaute. Das Ergebnis konnte sich sehen lassen: 1933 besaß das Warenhaus zehn Stockwerke und eine Verkaufsfläche von 48.000 Quadratmetern – damit war es das größte Warenhaus der Stadt und bot 8000 Menschen einen Arbeitsplatz. Gar nicht schlecht für einen Laden, der im Nebenzimmer eines Cafés seinen Ursprung hatte! Ernest Cognacq konnte diesen Triumph leider nicht mehr erleben: Er starb 1928, drei Jahre nach seiner Frau Marie-Louise.

Die Samariterin auf der Wasserpumpe
Der ungewöhnliche Name des Warenhauses – La Samaritaine bedeutet übersetzt „Die Samariterin“ – stammt von einer Wasserpumpe auf dem Pont-Neuf, die im 16. Jahrhundert auf Anordnung von König Henri IV. erbaut wurde. Das Pumpgebäude war mit einem Relief von Bernard und René Frémin verziert, das eine Episode aus dem Johannesevangelium zeigt: Am Jakobsbrunnen in Samarien trifft Jesus auf eine samaritanische Frau und führt mit ihr ein theologisches Gespräch. Die alte Pumpe – ursprünglich die erste hydraulische Wasserpumpe der Stadt –wurde 1813 abgerissen, doch den Parisern war sie nach wie vor ein Begriff. Ganz in der Nähe ihres ehemaligen Standortes hatte Ernest Cognacq seinen ersten Verkaufsstand als Krawattenverkäufer aufgestellt – und nannte ihn „La Samaritaine“.

Im Gebäude von 1933 war Frantz Jourdains Jugendstil dem Art déco gewichen, denn der Architekt Henri Sauvage hatte dem Warenhaus seinen Stempel aufgedrückt. Mit seiner prachtvollen Glaskuppel und den Rundbögen im Stil des Eiffelturms wurde das Kaufhaus weit über die Grenzen von Paris bekannt. Insgesamt bestand es nun aus vier Gebäuden. Das gesamte Haus Nr. 2 (Magasin 2) steht heute unter Denkmalschutz, vom Haus Nr. 3 (Magasin 3) sind Fassade und Dach denkmalgeschützt.

Der Niedergang eines Traditionsgeschäfts
Wie so viele Warenhäuser geriet auch La Samaritaine in den 1990er-Jahren in Schwierigkeiten. Schon Ende der 1960er-Jahre hatten sich erste Prob-

leme abgezeichnet: 1969 schloss der nahe gelegene Großmarkt „Les Halles" seine Pforten und wurde an den Pariser Stadtrand verlegt. Für das La Samaritaine bedeutete dies einen Rückgang in der Kundenzahl, denn der Großmarkt hatte viele Kunden in die Gegend um die Pont-Neuf gelockt. In den 1990er-Jahren schrieb das Warenhaus, das sich mittlerweile einem gehobenen Sortiment verschrieben hatte, Verluste und musste seine Verkaufsfläche verkleinern und Personal abbauen. 2001 wurde La Samaritaine wie auch schon Le Bon Marché und A La Belle Jardinière von der Gruppe Moët Hennessy Louis Vuitton (LVMH) gekauft – für den stolzen Preis von 230 Millionen Euro.

Auch eine geschäftliche Neuausrichtung konnte den Umsatz jedoch nicht mehr ankurbeln. Am 15. Juni 2005 schloss das Traditionskaufhaus seine Türen – offiziell, weil man das Gebäude an moderne Sicherheitsbestimmungen anpassen wollte, denn bei einer Inspektion waren Probleme bei der Brandschutzsicherheit festgestellt worden. Trotz Protesten von Angestellten und Verkäuferinnen, die vor dem Kaufhaus kampierten, wollte die Geschäftsführung das Haus für mindestens sechs Jahre schließen, um umfangreiche Renovierungsarbeiten durchzuführen. Für die Gewerkschaften stand fest: Das angebliche Brandrisiko war nur ein Vorwand. In Wirklichkeit wollte die Geschäftsführung das Kaufhaus, das für sie unrentabel geworden war, einfach loswerden, denn der Umsatz war seit 2001 um 40 Prozent zurückgegangen. Und tatsächlich: Wie sich bald herausstellen sollte, sollten die Türen für immer geschlossen bleiben. Umfassende Umbaumaßnahmen

Ein Foto aus der Zeit der großen Renovierungsarbeiten des Le Samaritaine im Jahr 1906

waren zwar geplant – doch ein Warenhaus kam in diesen neuen Plänen nicht vor. 2008 gab LVMH bekannt, dass die Gebäude in Zukunft Büros, Sozialwohnungen, eine Kinderkrippe und ein Luxushotel beherbergen sollten. Die Eröffnung ist für das Jahr 2013 geplant. 2200 Arbeitsplätze sollen hier geschaffen werden – doch das kommt für die ehemaligen Verkäufer und Verkäuferinnen der Samaritaine zu spät.

Das Traditionskaufhaus Samaritaine wird es hier nach der Renovierung wohl nicht mehr geben. Stattdessen ziehen unter anderem Büros ein.

Das Vermächtnis von Ernest Cognacq und Marie-Louise Jaÿ

Das wirtschaftliche Erbe von Ernest Cognacq und Marie-Louise Jaÿ existiert nicht mehr, doch das Warenhaus-Ehepaar hat der Welt noch ein weiteres Vermächtnis hinterlassen. Zwischen 1900 und 1925 bauten die beiden eine bedeutende Sammlung auf, deren Schwerpunkt auf der französischen Kunst des 18. Jahrhunderts liegt. Da das Paar keine Kinder hatte, vermachte Cognacq die Sammlung der Stadt Paris, wo sie heute im Musée Cognacq-Jaÿ im Hôtel Donon besichtigt werden kann. Unter anderem enthält die Sammlung Werke von François Boucher, Jean-Baptiste Greuze und Giovanni Battista Tiepolo. Auch in seiner Heimatgemeinde auf der Île de Ré erinnert ein Museum an den Warenhausgründer Ernest Cognacq.

Ein filmisches Denkmal

1992 verewigte der französische Regisseur Cédric Klapisch La Samaritaine in seiner Satire „Kleine Fische, große Fische" (Originaltitel: „Riens du tout"). Darin soll der Warenhausmanager Lepetit ein angeschlagenes Warenhaus retten und setzt dabei sehr ungewöhnliche Methoden ein: Bungee-Jumping für Mitarbeiter, ein Zeltlager für Führungskräfte und ein Marathonlauf sind nur einige der Mittel, mit der er die Motivation der Mitarbeiter steigern will. Erfolg hat er damit nicht: Am Ende muss er erkennen, dass seine Maßnahmen nur einem Ziel dienten: den Wert der Immobilie zu steigern, um sie besser verkaufen zu können. Ein Schelm, wer Böses dabei denkt …

GUERLAIN
Dior

Pompös!

Théophile Bader, Alphonse Kahn und die Galeries Lafayette

Die Galeries Lafayette ... liegen eingebunden in eine städtische Umgebung von sehr hoher kommerzieller Dichte und befinden sich hierzu in perfekter Osmose. Diese Durchlässigkeit macht das Geschäft absolut passierbar; es ist eine Fortsetzung der Straße und man kann so hindurchschlendern wie zwischen Buden am Straßenrand.

Luce Giard, *Practice of Everyday Life: Living and Cooking*

DIE GESCHICHTE DER erfolgreichsten französischen Warenhauskette, der Galeries Lafayette, begann mit zwei Cousins: Théophile Bader (1864–1942) und Alphonse Kahn (1864–1927). Die beiden Elsässer gründeten ein Warenhausimperium, das seinen Erfolg bis heute halten und ausbauen konnte. Von der heutigen luxuriösen Ausrichtung des Warenhauses war zu seiner Gründung noch nichts zu ahnen: Das Wäschegeschäft der beiden Cousins verkaufte in seinen Anfangszeiten unter anderem Kleidung für radfahrende Damen – ein Skandal im ausgehenden 19. Jahrhundert.

Vom Wäschemodengeschäft zum Großkaufhaus

Nur wenige Minuten von der Opéra Garnier und dem Bahnhof Saint-Lazare entfernt, in der Rue La Fayette, eröffnete der Kaufmann Théophile Bader zusammen mit seinem Cousin Alphonse Kahn im Jahr 1893 – über 40 Jahre nachdem Le Bon Marché den Einzelhandel revolutioniert hatte – ein Wäschemodengeschäft. Der kleine Laden im 9. Arrondissement hatte gerade einmal eine Fläche von 70 Quadratmetern, doch das sollte nicht lange so bleiben: Das Unternehmen der beiden Cousins kam bei den Kundinnen gut an und der Laden – der inzwischen „Aux Galeries Lafayette" hieß – vergrößerte sich nach und nach. 1896, nur drei Jahre nach der Eröffnung, erwarben Bader und Kahn das gesamte Gebäude 1 Rue La Fayette. Außerdem eröffneten sie weitere Modegeschäfte in Paris und Lyon. Im Gegensatz zu ihren Konkurrenten von Le Bon Marché, Printemps & Co. stiegen die beiden auch selbst in die Modeproduktion ein. Bis in die 1960er-Jahre führten die Galeries Lafayette eine eigene Modelinie. 1899 gründeten Bader und Kahn die Aktiengesellschaft „Societé Anonyme des Galeries Lafa-

Ein Blick ins Innere des luxuriösen Kaufhauses Galeries Lafayette

yette“. Der Laden brummte: 1906 musste das Stammhaus erneut erweitert werden und schloss die Adressen 38–41 Boulevard Hausmann mit ein. Das Haus hatte nun über 750 Angestellte und eine Verkaufsfläche von 18.000 Quadratmetern.

Die Galeries Lafayette, so wie wir sie heute kennen, entstanden in den Jahren bis 1912. Dazu gehört vor allem die Jugendstilgalerie, die von einer farbigen Glaskuppel gekrönt wird und von den Architekten Georges Chedanne und Ferndinand Chanut entworfen wurde. Die große Eröffnung des neuen Konsumparadieses fand im Oktober 1912 statt: 96 Abteilungen, ein Café, eine Bibliothek und ein Friseursalon erfüllten alle Wünsche der Kundinnen und Kunden. Auf fünf Stockwerken ordneten sich die Galerien um einen großen Lichthof an, der vom Glanzstück des Ensembles gekrönt wird: der Kuppel mit ihren Glasfenstern. 73 Meter kann man hier vom Erdgeschoss aus in die Höhe blicken. Die Fenster sind von einer reich verzierten Schmiedeeisenfassung mit Blumenmustern umgeben, die Treppengeländer mit ihrem Laubmuster wurden von Louis Majorelle entworfen. Von der Kuppel fällt ein goldenes Licht auf die Waren herab und bringt sie zum Glitzern. Rings um den zentralen Lichthof verlaufen die einzelnen Etagen des Kaufhauses als Galerien. Ganz oben auf dem Gebäude befindet sich auch heute noch eine Aussichtsterrasse, von der aus Besucher einen fantastischen Blick über die Dächer von Paris bis hin zum Eiffelturm genießen. Eine besondere Rolle maßen die Architekten den Schaufenstern zu: Sie sollten die Begehrlichkeiten der Passanten wecken und sie in das Konsumparadies locken. Alles in allem ließen die Geschäftsführer nichts unversucht, damit sich die Kunden wohlfühlten und in Kauflaune gerieten. Doch das Jahr dieses pompösen Neuanfangs sah auch einen Abschied: Alphonse Kahn zog sich 1912 aus der Verwaltung und Geschäftsführung des Warenhauses zurück, blieb jedoch noch bis zu seinem Tod im Jahr 1928 Aktionär und teilte sich mit Théophile Bader den Vorsitz des Aufsichtsrates.

Wirtschaftliches Auf und Ab im 20. Jahrhundert

In den Jahren nach dem Ersten Weltkrieg setzten die Galeries Lafayette weiterhin auf Expansion und eröffneten Filialen in Nizza und London, 1931 auch in Bukarest. Auch für die Weltwirtschaftskrise hatte die Aktiengesellschaft einen Plan: Mit einem neuen Kaufhauskonzept versuchte sie, die Bevölkerung auch weiterhin zum Geldausgeben zu verführen. „Monoprix“ hießen diese Häuser mit einfacher Ausstattung und gängigen Waren zu einheitlichen Preisen – und dieses Konzept hatte sogar in diesen wirtschaftlich turbulenten Zeiten Erfolg: Bis 1938 eröffneten insgesamt 42 Monoprix-Geschäfte in Frankreich.

Im Zweiten Weltkrieg geriet Frankreich unter deutsche Besatzung und wie ihre Kollegen in Deutschland hatte auch die Geschäftsleitung der Galeries Lafayette – zusammen mit Théophile Bader leiteten die Ehemänner seiner Töchter Max Heilbronn und Raoul Meyer das Unternehmen – unter der antisemitischen Gesetzgebung zu leiden. Die drei Geschäftsführer wurden zum Rücktritt gezwungen und das Unternehmen wurde arisiert. Théophile Bader erlebte das Kriegsende nicht mehr, er starb 1942. Seine Kollegen Heilbronn und Meyer konnten ab 1945 wieder die Leitung des berühmten Warenhauses übernehmen, doch Umsatz machten sie zunächst nicht viel, da auch in Frankreich Versorgungsengpässe das Leben bestimmten und das Warenhaus in der Folge sein Sortiment stark einschränken musste. Erst ab 1950 ging es wieder bergauf. Edith Piaf, zu dieser Zeit der Lieblingsstar in Frankreich, gab ein viel umjubeltes Konzert in den Galeries Lafayette, und das Unternehmen konnte sich in den folgenden Jahren weiter ausdehnen. In den 1950er-Jahren wurden Rolltreppen eingebaut, zwei weitere Etagen kamen dazu. 1958 führte das Warenhaus „les 3J" ein, eine Abkürzung für „les trois jours": drei Tage, in denen aktuelle, hochwertige Waren zu sensationell günstigen Preisen erhältlich sind. Auch beim „Shop-in-Shop"-Konzept hatte das Warenhaus eine Vorreiterrolle inne: Es stellte ab den 1970er-Jahren jungen aufstrebenden Designern eigene kleine Läden innerhalb des Kaufhauses zur Verfügung – darunter befanden sich heute so bekannte Namen wie Pierre Cardin, Daniel Hechter und Yves Saint-Laurent. Nun waren die Galeries Lafayette in fast jeder größeren französischen Stadt mit einer Filiale vertreten.

Die Außenfassade des Kaufhauses Galeries Lafayette, aufwendig erleuchtet von Tausenden Lampen

Auch heute noch erfolgreich

Im Gegensatz zu vielen anderen Warenhäusern scheint das Konzept der Galeries Lafayette aufzugehen, denn das Warenhaus hat auch heute noch Erfolg. Aus dem kleinen Wäschegeschäft der Cousins Bader und Kahn wurde die Firmengruppe „Groupe Galeries Lafayette", die im Jahr 2005 rund 35.000 Mitarbeiter beschäftigte. Neben den Warenhausketten Galeries Lafayette (70 Filialen in Frankreich) und Monoprix (295 Filialen) gehört eine weitere Warenhauskette, Bazar de L'Hôtel de Ville (BHV), zum Konzern, außerdem Reiseunternehmen und Finanz- und Versicherungsunternehmen. 2009 erwirtschafteten die Galeries Lafayette einen Umsatz von über einer Milliarde Euro und hängten damit nicht nur die einheimische Konkurrenz, sondern auch internationale Warenhausgrößen wie Harrods oder Bloomingdales ab. 25 Millionen Kunden besuchten 2009 das Geschäft – das entspricht etwa 100.000 Kunden pro Tag. [3]

---

[3] Den größten Teil der internationalen Kundschaft stellen heute die Chinesen, noch vor Amerikanern und Japanern. Sie kaufen hauptsächlich Parfüm und französische Luxusartikel. Um diese neue Kundschaft angemessen bedienen zu können, stellten die Galeries Lafayette Mitarbeiter mit Kenntnissen in Mandarin und Kantonesisch ein.

Ein uralter Konflikt: Warenhaus gegen Einzelhandel

Kaum hatte mit dem Le Bon Marché 1852 das erste Warenhaus eröffnet, standen auch schon die Kritiker auf dem Plan: Das Warenhaus würde die kleinen Einzelhändler vernichten, die mit den günstigen Preisen und dem großen Angebot der Warenhäuser nicht mithalten könnten, so lauteten die Vorwürfe. Und in der Tat war dies auch vielerorts der Fall. Die Geschäfte der Einzelhändler in der zweiten Hälfte des 19. Jahrhunderts waren eng, dunkel und proppenvoll. Wer einkaufen wollte, musste feilschen und selbst einen günstigen Preis aushandeln. Und die Kunden standen praktisch unter Kaufzwang, denn hatte der Ladenbesitzer erst einmal umständlich seine Waren ausgebreitet und mit den Preisverhandlungen angefangen, traute sich kaum noch jemand Nein zu sagen.

Die Warenhaussteuer soll die Fachgeschäfte schützen

Die Angst vor der Übermacht der Warenhäuser ging sogar so weit, dass in Deutschland gegen Ende des 19. Jahrhunderts eine Warenhaussteuer – ein Umsatzsteuersatz für Warenhäuser – gefordert wurde, die den kaufmännischen und gewerblichen Mittelstand schützen sollte. Diese Forderungen wurden im ersten Drittel des 20. Jahrhunderts durch die antisemitischen Strömungen in der Gesellschaft verstärkt, da ein Großteil der Warenhausketten im Besitz jüdischer Familien war. 1930 wurde dann tatsächlich eine erhöhte Umsatzsteuer für Warenhäuser mit einem Jahresumsatz von mehr als einer Million Mark eingeführt.

Konkurrenz belebt das Geschäft

Häufig nutzten die Fachgeschäfte die Konkurrenz durch die Warenhäuser jedoch auch, um ihrerseits über Modernisierungen und Innovationen nachzudenken. Sofern sie es sich leisten konnten, setzten auch sie auf große Schaufenster mit üppiger Dekoration, um ihre Waren zu präsentieren und Kunden in ihre Geschäfte zu locken. In der zweiten Hälfte des 20. Jahrhunderts konnten die Fach- und Spezialgeschäfte in den Innenstädten zunächst von der Zugkraft der Warenhäuser profitieren. Nach dem Zweiten Weltkrieg belebten Warenhäuser die zerstörten Innenstädte neu. In ihrem Umfeld siedelten sich viele kleine Fach- und Spezialgeschäfte an, die Laufkundschaft, die auf dem Weg ins Warenhaus vorbeikam,

Kleine Läden hatten unter den Warenhäusern zu leiden: Berliner Tante-Emma-Laden um 1900.

gewannen. Im Gegensatz zu den Warenhäusern, die durch ein breites Sortiment bestachen, setzten sie auf Spezialisierung und Beratung. Heute gehören Warenhäuser und Fachgeschäfte gleichermaßen zu den Verlierern im Kampf um die Kaufkraft der Kunden, zumindest wenn es um traditionelle, nicht filialisierte Fachgeschäfte geht, deren Marktanteil in den letzten 20 Jahren stark zurückging. Geht man heute durch die Haupteinkaufsstraßen einer deutschen, französischen oder englischen Großstadt, so finden sich dort überwiegend Filialen großer internationaler Ketten. Wie das Warenhaussterben die Einzelhandelslandschaft verändern wird, ist noch nicht klar. In den Innenstädten stehen nach Schließung der Warenhäuser große Immobilien in den besten Lagen frei. Wer wird dort einziehen? Werden sie zu großen Einkaufszentren mit vielen kleinen Geschäften umgebaut, die jedoch meist wiederum zu Ketten gehören? Bekommt der traditionelle Einzelhandel eine neue Chance? Oder werden sie als Büroflächen genutzt? Die Zukunft wird es zeigen.

KAPITEL 2

Die Konkurrenz schläft nicht

London macht's möglich

Während sich die Pariser Warenhäuser um ihrer selbst willen feierten und sich in Architektur und Eleganz ständig übertrumpften, prägte in London die sprichwörtliche englische Geschäftstüchtigkeit die neuen Entwicklungen. Von britischem Understatement konnte allerdings nicht die Rede sein: Harrods, Whiteleys & Co. überboten sich gegenseitig in ihren Ankündigungen, alles aus jedem Winkel der Welt besorgen zu können – ein Versprechen, das sie auch einhielten.

Vom Kerzendieb zum Delikatessenhändler

Der Aufstieg des Kaufhauses Fortnum & Mason

Wo ich auch hinsehe … sehe ich Fortnum & Mason. All die Körbe öffnen sich und die grünen Wiesen erblühen in Hummersalat.

Charles Dickens

BRITEN, DIE IM AUSLAND Heimweh nach Shortbread, Fudge und Cheddar haben – und das nötige Kleingeld mitbringen – lassen sich gerne mit Picknickkörben von Fortnum & Mason verwöhnen, die ihre leckeren Spezialitäten aus dem Vereinigten Königreich in alle Ecken dieser Welt liefern. Doch die Geschichte des Kaufhauses in der Piccadilly Street, das heute auf Luxusartikel ausgerichtet ist, begann nicht ganz so großartig: Sein Gründer William Fortnum verdiente sich nämlich das Geld für sein erstes Geschäft mit Kerzenresten.

Eine gewinnbringende Partnerschaft

Anfang des 18. Jahrhunderts war William Fortnum nämlich Diener am Hof der englischen Königin Anne, doch er hatte schon damals größere Ambitionen. Da sein Verdienst in dieser Position nicht gerade königlich war, besserte Fortnum sein mageres Gehalt auf, indem er die Kerzenstummel im Palast sammelte, die er dann zu Geld machte. Die Königin bestand nämlich darauf, dass jeden Abend neue Kerzen angezündet wurden – und die Kerzenstummel einfach wegzuwerfen wäre in William Fortnums Augen einfach zu schade gewesen. Das Nebengeschäft lohnte sich offenbar, denn schon bald hatte Fortnum genug Geld zusammen, um seinen Traum von einem eigenen Laden zu verwirklichen.

Das offizielle Hoflieferantensiegel der königlichen Familie schmückt heute (oben) ebenso das Warenhaus wie auf dieser historischen Werbeanzeige aus dem 19. Jahrhundert.

Fortnum lebte damals zur Untermiete im Haus von Hugh Mason, und an dieses Haus war ein kleiner Laden angeschlossen. 1707 mietete Fortnum den Laden und überredete gleich noch seinen Vermieter, bei ihm einzusteigen. Gemeinsam eröffneten sie das Lebensmittelgeschäft Fortnum & Mason in der Piccadilly Street im Herzen Londons. Dabei kamen Fortnum seine engen Verbindungen zum königli-

DIEU ET MON DROIT
By Appointment
To Her Majesty Queen Elizabeth II
Grocers and Provision Merchants
Fortnum & Mason Ltd
THE DELECTABLE HISTORY OF FORTNUM & MASON
EB

chen Hof zugute, was seinem Unternehmen einen raschen Erfolg bescherte – ob die königliche Familie wohl wusste, in welcher Form sie zur Gründung des Geschäftes beigetragen hatte?

Und nicht nur zum Königshaus hatte Fortnum gute Beziehungen: Einige Mitglieder seiner Familie arbeiteten für die East India Company, die über die Handelsbeziehungen zwischen Großbritannien und Indien wachte. Über sie gelangte feinster indischer Tee und exotische Gewürze ins englische Mutterland – und ebenfalls in die immer gut gefüllten Regale von Fortnum & Mason. Schon damals konnte sich der Laden rühmen, Köstlichkeiten zu verkaufen, die sonst nirgendwo in London erhältlich waren.

Vom Lebensmittelgeschäft zum Kaufhaus

Der Laden florierte, doch bis Fortnum & Mason zu dem wurde, was man heute kennt, dauerte es noch ein wenig: Erst William Fortnums Enkel Charles Fortnum baute das Lebensmittelgeschäft zu einem kompletten Warenhaus aus. Er arbeitete ab 1761 für die englische Königin Charlotte und nutzte seine direkten Verbindungen zum Königshaus geschickt für sein Geschäft. Vor allem in der folgenden viktorianischen Zeit wuchs das Unternehmen stark. Damals belieferte Fortnum & Mason den Hof bei zahlreichen offiziellen Anlässen und war außerdem offizieller Hoflieferant.

1925 nahm das Londoner Kaufhaus Damen- und Kindermode, Küchenwaren und Parfüm in sein Sortiment auf. Auch regional wurde expandiert: 1931 wurde eine Filiale in der Madison Avenue in New York eröffnet, die mit ihren sieben Stockwerken sogar noch größer war als das Londoner Mutterhaus. Doch dann kam die Weltwirtschaftskrise und setzte dem amerikanischen Traum von Fortnum & Mason ein jähes Ende.[4]

Prinz Charles besucht im November 2007 das Kaufhaus Fortnum & Mason.

[4] Erst 2004 wagte sich das Unternehmen wieder ins Ausland und eröffnete zwei Filialen in Japan. Heute erstreckt sich die Lebensmittelabteilung von Fortnum & Mason über zwei Stockwerke und führt mehr Delikatessen als je zuvor.

Die Außenfassade von Fortnum & Mason in der Piccadilly Street

Das exklusive Geschäft blieb lange in Familienbesitz, wurde 1951 jedoch vom kanadischen Geschäftsmann W. Garfield Weston gekauft. Zur Erinnerung an die Gründer des Geschäfts ließ er eine vier Tonnen schwere Uhr anfertigen und über dem Haupteingang anbringen. Zu jeder vollen Stunde treten 1,2 Meter große Modelle von William Fortnum und Hugh Mason aus der Uhr hinaus und verbeugen sich voreinander, begleitet von einem Glockenspiel mit Klängen aus dem 18. Jahrhundert. Heute gehört das Unternehmen einer Gesellschaft namens Wittington Investments.

Alles was das Herz begehrt: Lebensmittel werden zum Kerngeschäft

Auch wenn Fortnum & Mason heute ein Kaufhaus für Luxusartikel von Porzellan bis hin zu edler Bettwäsche ist, wurde das Unternehmen in erster Linie wegen seiner kulinarischen Köstlichkeiten berühmt: Exotische Leckereien, Spezialitäten, Tee und Kaffee, Wein und Spirituosen, Marmeladen, Gewürze, Käse – kaum sonst irgendwo ist das Angebot an ausgefallenen Delikatessen so groß wie bei Fortnum & Mason. Schon im 18. Jahrhundert hatte das Unternehmen zahlreiche Spezialitäten in seinem Sortiment, darunter auch fertig zubereitete Luxusspeisen wie frisches Geflügel oder Wild in Aspik, getrocknete Schildkröten, Trüffel, Mangos – alles war so vorbereitet, dass es sofort verzehrt werden konnte. Auch die englische Spezialität „Scotch Eggs", die heute im Kühlregal so gut wie aller Supermärkte Großbri-

Was bedeutet königlicher Hoflieferant?

Königlicher Hoflieferant durfte sich nennen, wer durch ein Mitglied der königlichen Familie die Erlaubnis erhielt, in seiner Reklame ein spezielles Siegel mit einem Zusatz, beispielsweise „Ernennung durch Ihre Majestät Königin Victoria", zu verwenden. Dies war schon damals eine vorzügliche Empfehlung, denn wer kauft nicht gerne dort, wo auch Königs gerne einkaufen?

Ein kleiner Ausschnitt aus der riesigen Auswahl an Delikatessen und Köstlichkeiten in der Lebensmittelabteilung von Fortnum & Mason in London

tanniens zu finden ist, wurde von Fortnum & Mason erfunden. 1738 führte das Kaufhaus erstmals diesen Snack – hart gekochte Eier, die mit Wurstbrät umhüllt, in Brotkrumen paniert und anschließend frittiert werden – im Sortiment. Außerdem bot Fortnum & Mason seinen Kunden schon früh Konserven an und lieferte auch gleich die notwendigen Informationen mit, wie man die neumodischen Blechdosen am besten öffnen konnte, nämlich beispielsweise mit einem Taschenmesser. So verwundert es nicht, dass 1886 ein gewisser Mr. Heinz aus Amerika dem Delikatessengeschäft seine neue „Erfindung" für den Vertrieb auf den Britischen Inseln anbot: Baked Beans, die heute fester Bestandteil auch des englischen Frühstücks sind.

Mit seinen exklusiven Lebensmitteln sprach Fortnum & Mason im Laufe der Jahrhunderte auch ganz spezielle Zielgruppen an: Zur Zeit der napoleonischen Kriege versorgte das Kaufhaus die britischen Offiziere mit Trockenfrüchten, Gewürzen und anderen konservierten Lebensmitteln. Von 1853 bis 1856 erschütterte dann der Krimkrieg Europa. Zum ersten Mal berichteten hier Reporter direkt von der Front und so bekamen auch die Menschen zu Hause in Großbritannien mit, unter welch schrecklichen Bedingungen die Soldaten dort kämpften. Königin Victoria ging dies der Legende nach so zu Herzen, dass sie Fleischbrühwürfel von Fortnum & Mason an die Krankenhäuser von Florence Nightingale liefern ließ.

Post vom Kaufhaus

Bevor es einen offiziellen Postdienst in Großbritannien gab, konnte jedermann Post weiterleiten, und so versuchte sich auch Fortnum & Mason eine Zeit lang in diesem Geschäft. Die Londoner konnten ihre Post in Briefkästen am Laden einwerfen und Fortnum & Mason stellte sie dann zu. Für Fortnum & Mason brachte dies vor allem einen Vorteil: Kundschaft in Massen. Denn wer hierherkam, um einen Brief aufzugeben, drehte meist noch eine Runde im Geschäft und sah dann bestimmt irgendetwas, auf das er gerade Appetit hatte. Ab 1839 wurde dann ein offizieller Postdienst in London eingerichtet und Fortnum & Mason kehrte zu seinem Kerngeschäft zurück.

Die Köstlichkeiten von Fortnum & Mason waren so beliebt, dass die Käufer nicht einmal in Extremsituationen darauf verzichten wollten, und so stattete der Lebensmittelhändler mit der Zeit zahlreiche Expeditionen aus. Eine Expedition zum Mount Everest hatte 1922 unter anderem 60 Dosen Wachtel in Gänseleber und vier Dutzend Champagnerflaschen im Gepäck – natürlich von Fortnum & Mason. Auch Howard Carter hatte bei seiner Suche nach dem Grab des Tutenchamun Wein von Fortnum & Mason dabei und benutzte diese Kisten, um seine kostbaren Fundstücke im Tal der Könige sicher aufzubewahren.

Heute ist Fortnum & Mason vor allem für seine Teeauswahl und seine exklusiven Picknickkörbe berühmt. Diese Picknickkörbe stellt das Kaufhaus seit dem viktorianischen Zeitalter zusammen. Damals belieferte es die feine Gesellschaft bei Anlässen wie der Henley Regatta und dem Pferderennen von Ascot und stellte sicher, dass die oberen Zehntausend auch außerhalb ihrer vier Wände nicht auf ihren gewohnten Luxus verzichten mussten. An diesen Eventtagen stauten sich die Kutschen, die die Körbe abholten, vor dem Gebäude oft die ganze Piccadilly Street hinab. Auch heute noch sind die Picknickkörbe sehr beliebt: Große Firmen schenken sie Kunden und Geschäftspartnern zu Weihnachten und Exil-Briten in aller Welt lassen sich damit ihre geliebten Köstlichkeiten nach Hause schicken. Die Körbe sind in Varianten ab 30 englischen Pfund erhältlich – nach oben sind der Ausstattung keine Grenzen gesetzt. Zu den beliebtesten Produkten darin zählen Stilton (ein Käse), Champagner, Wachteleier und Räucherlachs.

Fortnum & Mason beschafft für seine Kunden zwar exotische Lebensmittel aus aller Welt, doch wenn es um frische Nahrungsmittel geht, hält sich das Unternehmen größtenteils an regionale Produkte. Dabei kauft es direkt bei den Lieferanten, die für die hohe Qualität der Lebensmittel bürgen. So kann das Delikatessengeschäft seinen exzellenten Ruf nun schon über 300 Jahre halten. Wer in London ist, sollte es sich nicht nehmen lassen und eine Runde durch die Hallen an der Piccadilly Street drehen – schon allein die Begrüßung durch die Pförtner im Frack ist ein Erlebnis für sich.

Die tonnenschwere Uhr über dem Haupteingang öffnet sich zu jeder vollen Stunde – heraus treten William Fortnum und Hugh Mason.

Omnia omnibus ubique:

Alles für jeden, überall! Charles Digby Harrod

Es ist ein historischer Ort. Es ist nicht nur für die Briten wichtig, sondern auch für den Tourismus.

Hamad ibn Dschasim ibn Dschabir Al Thani,
Premierminister von Katar und Vorsitzender der Qatar Holding,
in deren Besitz sich das Kaufhaus Harrods heute befindet

KEINE LONDONREISE ist heute komplett ohne einen Besuch im berühmtesten Kaufhaus der Stadt, wenn nicht sogar der ganzen Welt: Harrods in der Brompton Road im Londoner Stadtteil Knightsbridge ist nicht nur Nobelkaufhaus, sondern gleichzeitig auch ein Touristenmagnet. Das hätte Charles Henry Harrod, der das Kaufhaus 1834 als kleinen Laden gründete, wohl in seinen kühnsten Träumen nicht gedacht …

Bescheidene Ursprünge

Im Jahr 1824 gründete der 25-jährige Charles Henry Harrod (1799–1885) ein Geschäft in Southwark, südlich der Themse. Mal firmierte er als Tuchhändler, mal als Kurzwarenhändler. 1832 wandte er sich dann definitiv einem anderen Geschäftsfeld zu und unterhielt mehrere Lebensmittelläden in den Stadtteilen Stepney und Clerkenwell im Londoner East End. In diesen Gegenden blühte das Laster, und Prostituierte, Säufer und Kleinkriminelle waren nicht unbedingt die Kundschaft, die Harrod für sein Geschäft vorschwebte. Er entschloss sich deshalb umzuziehen, doch wohin sollte er gehen? Die zündende Idee kam ihm, als er erfuhr, dass 1851 die Weltausstellung im Londoner Hyde Park stattfinden sollte. Wäre es nicht schön, wenn sein Laden von den Hunderttausenden von Besuchern, die dieses Ereignis anziehen würde, profitieren könnte? Harrod mietete also Geschäftsräume in der Brompton Road in Knightsbridge – an genau der Stelle, an der noch heute das Kaufhaus Harrods steht. Von der modernen Pracht war damals freilich noch nichts zu erkennen: Das Geschäft bestand aus einem einzigen Raum und hatte nur zwei Angestellte.

Das wohl berühmteste Kaufhaus Englands: Harrods in der Brompton Road

1861 übernahm Harrods Sohn Charles Digby Harrod (1841–1905) die Geschäfte und erweiterte das Sortiment: Nun konnte man bei ihm auch Medikamente, Parfüm, Schreibwaren, Obst und Gemüse erstehen, doch damit gab

Zum Jubiläum spielte am 20. März 1909 sogar das London Symphony Orchestra in den Verkaufsräumen von Harrods.

er sich noch nicht zufrieden. „Alles für jeden, überall“ sollte es in seinem Warenhaus geben, so lautet das lateinische Motto von Harrods: „Omia omnibus ubique.“ Dieses neue Geschäftsmodell kam bei seiner Kundschaft so gut an, dass Harrod schon bald in der Lage war, auch die anliegenden Gebäude zu erwerben, um seinen Laden zu vergrößern. Von Anfang an konzentrierte er sich auf wohlhabende Kunden und bot ihnen umfangreiche Dienstleistungen an. Außerdem führte er eine eigene Lebensmittelmarke ein, deren Verpackungen die Farben des Union Jack trugen. Sein Konzept hatte Erfolg: 1880 arbeiteten für Charles Digby Harrod bereits 100 Angestellte. [5]

Zerstörung und Wiederaufbau

Drei Jahre später kam es zu einer Katastrophe: Das Gebäude wurde durch einen Brand komplett zerstört – und das auch noch Anfang Dezember, zu Beginn des Weihnachtsgeschäftes. Doch als der findige Geschäftsmann, der er nun einmal war, gelang es Harrod selbst in dieser Situation, sein Versprechen, das er den Kunden gegeben hatte, einzuhalten: Trotz des Brandes hatten alle Käufer ihre Weihnachtsgeschenke pünktlich unter dem Weihnachtsbaum. Und er strich sogar einen satten Gewinn ein – den er sofort wieder in sein Kaufhaus investierte, das er nun in größerem Stil neu aufbauen konnte. Zwischen 1894 und 1905 entstand das heutige Harrods-

[5] Schon früh expandierte Harrods auch in andere Länder: 1912 wurde eine Filiale im argentinischen Buenos Aires gegründet, sie existiert heute allerdings nicht mehr. Jedes Jahr zwischen September und Januar wird eine 200 Quadratmeter große Harrods-Dependance in der Filiale der Deutschen Bank in der Berliner Friedrichstraße eingerichtet. Auch an Bord der „Queen Elizabeth 2“ konnten sich Passagiere mit Harrods-Produkten eindecken. Im Moment überlegt die Geschäftsführung gerade, eine Filiale in Shanghai zu eröffnen, da es immer mehr Chinesen in das Londoner Mutterhaus zieht, und zwar nicht nur Touristen, sondern zahlungsfreudige Geschäftsleute: Die Besucher aus dem Reich der Mitte geben durchschnittlich dreimal so viel Geld bei Harrods aus wie jede andere Nationalität.

Gebäude nach den Plänen des Architekten Charles William Stephens. Das Kaufhaus sollte ein Palast werden, dessen Fassade mit Terrakotta-Fliesen verkleidet und mit Putten verziert ist. Jugendstilfenster und eine barocke Kuppel vervollständigten das Ensemble und prägen das imposante Erscheinungsbild. Heute wird die berühmte Fassade des Kaufhauses von rund 12.000 Glühbirnen beleuchtet – jeden Tag müssen etwa 300 von ihnen ausgetauscht werden.

Die berühmten grünen Tüten
Weltweit bekannt sind die grünen Tüten mit dem verschnörkelten „Harrods"-Schriftzug, die man bei einem Einkauf im Londoner Nobelkaufhaus erhält. Wer unbedingt eine haben möchte, aber nicht das nötige Kleingeld mitbringt, kauft am einfachsten ein Buch– zumindest Bestseller kosten bei Harrods nämlich auch nicht mehr als in jedem anderen Geschäft.

Und auch das Innere des Kaufhauses hatte einige Höhepunkte zu bieten. 1898 wurde dort Großbritanniens erste Rolltreppe installiert. Sie hatte mit den heutigen technischen Wunderwerken allerdings noch wenig gemeinsam. Vielmehr handelte es sich hierbei um eine Art Fließband aus Leder mit einem Geländer aus Mahagoni und Glas. So aufregend war die Fahrt auf dieser Rolltreppe für die Kunden, dass sie oben ein Glas Brandy erhielten, um ihre Nerven wieder zu stärken – schließlich sollten sie ja noch in der Lage sein, einzukaufen!

Bis 1959 befand sich das Kaufhaus in Familienbesitz, dann wurde es von der britischen Kaufhaus-Unternehmergesellschaft „House of Fraser" gekauft. Als bekanntes Symbol für England an sich geriet Harrods mehrmals ins Visier von Terroristen. Dreimal verübte die Irisch-Republikanische Armee (IRA) Anschläge auf das ehrwürdige Gebäude. Am 17. Dezember 1983 explodierte eine Autobombe ganz in der Nähe des Kaufhauses und tötete sechs Menschen.

Sowohl die Beleuchtung der Außenfassade als auch das Warenangebot sind bei Harrods beeindruckend.

Harrods
Harrods

Ein Kaufhaus der Superlative

Die Verkaufsfläche von Harrods beträgt heute 90.000 Quadratmeter, das Kaufhaus ist in insgesamt 330 Abteilungen auf sieben Stockwerken unterteilt – damit ist es beinahe doppelt so groß wie das zweitgrößte Warenhaus Großbritanniens: das Kaufhaus Selfridges in der Londoner Oxford Street. Es gibt beinahe nichts, was es bei Harrods nicht gibt: Mode für Damen, Herren und Kinder, Brautausstattung, Schmuck, Elektrogeräte, Sportartikel, Spielzeug, Kosmetik und Drogeriewaren, Schreibwaren, Haushaltswaren, Möbel, Haustiere plus Zubehör – und natürlich Lebensmittel. Bis heute befindet sich die Lebensmittelabteilung im Erdgeschoss. Die sogenannten Food Halls, gestaltet im Jugendstil, sind nach wie vor die bekannteste Abteilung des Hauses. Ein Erlebnis für sich sind auch die saisonalen Schlussverkäufe, die regelmäßig für wahre Volksaufläufe sorgen.

Wer beim Shoppen eine Pause machen will, kann sich in einem der 32 Restaurants stärken, die Auswahl reicht von einfachen Pub-Mahlzeiten bis hin zur Sterneküche. Ergänzt wird das Sortiment durch zahlreiche Dienstleistungsangebote wie eine Schneiderei, eine Apotheke, hauseigene Friseur- und Kosmetikläden, einen Personal Shopper sowie einen speziellen Eventmanager, einen Catering-Service und die „Harrods Bank". Über 5000 Angestellte aus über 50 Nationen bemühen sich darum, ihren – meist zahlungskräftigen – Kundinnen und Kunden jeden Wunsch zu erfüllen. Und das kann ganz schön anstrengend sein: An manchen Tagen besuchen über 300.000 Menschen das Kaufhaus, insgesamt sind es über 15 Millionen Besucher im Jahr – mehr als in jedem anderen Kaufhaus in London.

Es kann nur einen geben

Seinen guten Ruf verteidigt das Kaufhaus mit allen Mitteln. 1986 verklagte der Harrods-Besitzer Mohamed Al-Fayed einen neuseeländischen Restaurantbesitzer mit dem Nachnamen Harrod, der es wagte, sein kleines Restaurant „Harrod's" zu nennen. Aus Protest änderte seine Heimatstadt Otorohanga kurzeitig ihren Namen in „Harrodsville", zahlreiche andere Geschäfte in der Stadt nannten sich daraufhin ebenfalls „Harrods". Nachdem sich die britische Presse lautstark darüber lustig gemacht hatte, ließ Al-Fayed seine Klage fallen.

Bitte ordentliche Kleidung

Bei Harrods gibt es alles zu kaufen, doch ein Großteil der Besucher, die täglich durch die Glastüren des Nobelkaufhauses strömen, kommt gar nicht unbedingt, um hier etwas zu kaufen, sondern ausschließlich zum Schauen. Der Besuch bei Harrods gehört zu einer London-Reise einfach dazu. Doch damit sich die vornehme Kundschaft des Hauses nicht gestört fühlt, achtet das Kaufhaus seit 1989 penibel darauf, dass seine Kundschaft bestimmte Kleidungsstandards einhält – damit ist es wohl das einzige Kaufhaus der Welt, in dem ein spezieller Dresscode gilt: Die Kleidung sollte sauber und ordentlich sein. Verboten sind unter anderem Rucksäcke, Badeshorts, bauchfreie Oberteile und Flipflops.

Einlasskontrolle im Warenhaus: Den strengen Augen des Pförtners entgehen weder kurze Hosen, Rucksäcke, Badeschlappen noch große Reisegruppen.

Mohamed Al-Fayed vor der Statue von Prinzessin Diana und Dodi Al-Fayed

Die Pförtner im Haus sind angehalten, zu überwachen, ob diese Kleiderordnung auch eingehalten wird und verweigern „unpassend" gekleideten Personen den Zutritt. Opfer ihrer rigorosen Einlasskontrollen wurden unter anderem ein Soldat in Uniform sowie eine ukrainische Profi-Fußballmannschaft, die in Trainingsanzüge gekleidet war. Besondere Regeln gelten auch für Reisegruppen. Sie sind gehalten, sich in kleinere Gruppen aufzuteilen, und müssen das Haus an einem speziell dafür vorgesehenen Eingang betreten.

Harrods und die Al-Fayeds

1985 geschah etwas, das bei den traditionsbewussten Briten heftigste Kritik hervorrief: Die Ägypter Mohamed und Ali Al-Fayed erwarben die Dachgesellschaft „House of Fraser" und damit auch das Harrods. Die Al-Fayeds richteten im Kaufhaus unter anderem den ägyptischen Raum mit Nachbildungen der Sphinx und des Rosetta-Steins ein. International in die Schlagzeilen geriet der Name Al-Fayed durch Mohameds Sohn Dodi, der eine Liebesbeziehung mit Prinzessin Diana einging und am 31. August 1997 zusammen mit ihr bei einem Autounfall in Paris ums Leben kam. Mohamed Al-Fayed konnte den Tod seines Sohnes nicht verkraften und behauptete in der Folgezeit mehrmals, der Tod der beiden sei kein Unfall gewesen, sondern Diana und Dodi seien einer Verschwörung zum Opfer gefallen, in deren Zentrum Prinz Philip und der britische Geheimdienst MI5 standen. Das Königshaus konnte solche Anschuldigungen nicht auf sich beruhen lassen und reagierte prompt. 2001 entzog Prinz Philip dem Kaufhaus seinen Status als offizieller Hoflieferant „aufgrund signifikanter Veränderungen in den Handelsbeziehungen mit Harrods". An Prinzessin Diana und Dodi Al-Fayed erinnern heute zwei Gedenkstätten im Kaufhaus, darunter eine Statue, die das Paar tanzend am Strand zeigt. [6]

Heute eine Selbstverständlichkeit, vor rund 100 Jahren eine aufregende Neuerung: die Rolltreppe im Harrods-Haupthaus

[6] Im Mai 2010 verkaufte Mohamed Al-Fayed das Kaufhaus an den Investor Qatar Holding – angeblich für die stolze Summe von umgerechnet 1,8 Milliarden Euro. Er wolle mehr Zeit mit seinen Kindern und Enkeln verbringen, lautete seine Erklärung für diesen Schritt.

FLOOR
4

Schaufensterdekoration damals und heute

Schaufenster sind immer noch die beste Werbemaßnahme für ein Geschäft – wer hat nicht schon einen Laden betreten, nur weil er etwas Einladendes im Schaufenster entdeckt hat? Die Fenster haben ihren Ursprung in Paris Ende des 18. Jahrhunderts. Aber erst nachdem sie sich in den USA durchgesetzt hatten, fanden sie auch ihren Weg in den Rest der Welt.

Warenhäuser setzen von Anfang an auf Schaufenster

Schon das Le Bon Marché besaß spezielle Schaufenster im Erdgeschoss – große Glasfenster waren von Anfang an fester Bestandteil der Kaufhäuser. Dabei erfüllten sie immer mehrere Zwecke: In erster Linie sollten sie natürlich das Warenangebot des Kaufhauses präsentieren und so die Kunden in das Geschäft locken. Gleichzeitig sorgten die großen Fensterflächen aber zusammen mit den Lichthöfen dafür, dass im Inneren der Kaufhäuser ein angenehmes natürliches Licht herrschte. Und sie ermöglichten es den Passanten auf der Straße, ins Kaufhaus hineinzusehen und die Kunden beim Bummeln oder Einkaufen zu beobachten – so nahmen sie die Schwellenangst vor dem Betreten. Auch Leonhard Tietz, der Gründer der heutigen Galeria Kaufhof GmbH, legte schon in seinem ersten kleinen Geschäft in Stralsund auf Schaufensterdekoration besonderen Wert und suchte mittels Zeitungsinseraten gezielt „Verkäufer, die auch etwas vom Dekorieren verstehen".

Die Kunst der Dekoration

Schnell erkannten die Kaufhäuser, dass es dabei nicht darum ging, die Schaufenster möglichst vollzustopfen und eine große Auswahl an Waren zu präsentieren, sondern darum, einige ausgewählte Stücke optimal zu zeigen. Von Anfang an stand dabei im Mittelpunkt, die Ware selbst sprechen zu lassen. Als in den Wirtschaftswunderjahren nach dem Zweiten Weltkrieg Waren wieder in großer Menge erhältlich waren, wurde das Schaufenster zunehmend zu einer Bühne, die beim Publikum den Wunsch wecken sollte, bestimmte Artikel zu besitzen. Frauen waren dabei die Hauptzielgruppe – sie sollten Besen, Bürsten und Putzmittel, aber auch modische Kleidung und Schuhe erwerben.

In einem modernen Schaufenster wird heute nichts mehr dem Zufall überlassen. Wissenschaftliche

Untersuchungen ermitteln genau, wie Waren inszeniert werden müssen, damit sie möglichst viele Käufer finden. Besonders faszinierend – nicht nur für Kinder – sind die weihnachtlichen Schaufensterdekorationen. Mechanische Stofftiere und Puppen zeigen inmitten von künstlichem Schnee die neuesten Spielzeugtrends. Und es soll Kaufhäuser geben, die den Erfolg ihrer Schaufenster an den Nasenabdrücken an der Scheibe messen, die begeisterte Kinder an den Schaufensterscheiben hinterlassen …

Schaufensterkunst bei Selfridges

Harry Gordon Selfridge war der Erste, der die Schaufenster seiner Häuser beleuchten ließ, zuerst in Chicago, dann in seinem Londoner Kaufhaus. So konnten Passanten auch nachts sehen, welche kostbaren Schätze das Kaufhaus zu bieten hatte; die Lichter strahlten als Werbung weit in die Nacht hinaus. Noch heute sind die Schaufensterdekorationen von Selfridges für ihre Kreativität und Ausgefallenheit bekannt. Das hauseigene Dekorationsteam arbeitet häufig mit bekannten Künstlern und Designern zusammen und hat für seine Kreationen schon mehrere Auszeichnungen erhalten. Auch in Zeitungen und Zeitschriften wie „Vogue", „Harper's Bazaar" oder der „New York Times" sind die Schaufenster des Londoner Kaufhauses häufig abgebildet.

Schaufenster im Londoner Kaufhaus Selfridges

Whiteleys – der Universalversorger

Von der Nadel bis zum Elefanten, jeder Kundenwunsch wird erfüllt

Ein gewaltiges Symposium der Kunst und der Industrien unserer Nation und der ganzen Welt; ein großartiger Überblick über alles, was das Leben lebenswert macht, zieht in einer scheinbar endlosen Abfolge vor der kritischen und verblüfften Menschheit vorüber.

„Modern London", 1887

MITTEN IM KOSMOPOLITISCHEN STADTTEIL Bayswater, an der Straße Queensway, erhebt sich die imposante Fassade des früheren Kaufhauses Whiteleys. Doch in dem Gebäude, wo man ehemals alles, was man sich nur wünschen konnte, unter einem einzigen Dach fand, ist heute ein Einkaufszentrum untergebracht mit einer Auswahl an Filialen der großen Ladenketten, die man auch in jeder anderen europäischen Fußgängerzone findet.

Von Yorkshire nach London

William Whiteley wurde 1831 als Sohn eines Getreidehändlers in einem kleinen Dorf unweit von Wakefield in Yorkshire geboren. Er wäre gerne Tierarzt oder Jockey geworden, doch seine Eltern hatten andere Pläne. Im Alter von 17 Jahren gaben sie ihn bei Harnew & Glover, dem größten Tuchhändler von Wakefield, in die Lehre. Doch auch wenn dieser Beruf nicht Williams erste Wahl war, scheint er sich mit vollem Einsatz in seine neue Arbeit gestürzt zu haben.

Im Jahr 1851 mischte sich William Whiteley unter die Besuchermassen, die es in den Londoner Hyde Park zog, um anlässlich der Weltausstellung Erzeugnisse und Kunstwerke aus allen Ecken der Welt zu bestaunen. Wie so viele war er von den großartigen Eindrücken fasziniert, ihn aber ließ diese Erfahrung auch danach nicht mehr los. Wie für Aristide Boucicaut auf der anderen Seite des Ärmelkanals sollte auch für William Whiteley eine Weltausstellung der entscheidende Katalysator für seine berufliche Zukunft werden. Gerade einmal 20 Jahre alt, begann er zu träumen.

Der Schein trügt: Aus dem edlen Kaufhaus wurde inzwischen ein einfaches Einkaufszentrum.

Foot Locker

Wäre es nicht großartig, wenn man all diese Produkte, die auf der Weltausstellung präsentiert wurden, auch in England kaufen könnte? In einem Gebäude, das dem speziell für die „Great Exhibition“ errichteten Crystal Palace an Atmosphäre in nichts nachstand? Wenn es ihm gelänge, all diese exklusiven Produkte unter einem Dach zu versammeln und anzubieten – wäre er, William Whiteley, dann nicht der größte Kaufmann der Welt? Wakefield – einst das Zentrum des Wollgeschäfts in Yorkshire – war für diese Träume zu klein. Daher entschloss sich William Whiteley nach Beendigung seiner Lehrzeit 1855, seine Sachen zu packen und in die Metropole an der Themse zu ziehen – mit gerade einmal 10 Pfund in der Tasche.

Dort fand er Arbeit als Verkäufer und sparte jeden Penny für seinen großen Traum. Er gönnte sich kein Vergnügen, rauchte nicht und ging auch nicht in den Pub. So gelang es ihm, 700 Pfund anzusparen – und das war genug, um endlich ein eigenes Geschäft eröffnen zu können. Er wählte dafür den Stadtteil Bayswater, der sich zu dieser Zeit in einen gehobeneren Wohnbezirk entwickelte. Also eröffnete er 1863 genau dort ein kleines Geschäft, in dem neben ihm zwei Verkäuferinnen und ein Botenjunge arbeiteten. Eine der Verkäuferinnen, Harriet Sarah Hall, wurde später seine Ehefrau. William Whiteleys Geschäfte liefen gut an, und so konnte er schon bald sein Geschäftsfeld nach und nach erweitern. Zunächst drehte sich noch alles um Bekleidung, die er ab 1868 auch selbst fertigen ließ. Dann kam ein Erfrischungsraum hinzu, und 1872 arbeiteten bereits 622 Menschen in Whiteleys Geschäft, weitere 1000 außerhalb des eigentlichen Ladens. Zwei Jahre später stieg Whiteley in das Geschäft mit Lebensmitteln ein, ein weiteres Jahr später in den Handel mit Bau- und Einrichtungsgegenständen.

Whiteleys in der Literatur

So prachtvoll wie das Gebäude von Whiteleys einst war, fand es auch seinen Niederschlag in der englischen Literatur. So wird in George Bernard Shaws Drama *Pygmalion* – die literarische Vorlage für das Musical My Fair Lady – die Blumenverkäuferin Eliza Doolittle in das Kaufhaus geschickt, um „sich bei Whiteleys einzukleiden“.

Damit nicht nur die Londoner in den Genuss von Whiteleys prall gefülltem Warenhaus kamen, führte er bald auch einen Lieferservice ein, der sogar Elefanten bis zu 40 Kilometer entfernt auslieferte. Selbst an einen besonderen Ort im näher gelegenen Umkreis lieferte er: in den Buckingham Palace, denn Königin Victoria hatte ihn zum königlichen Hoflieferanten ernannt. Als 1911 das prächtige neue Gebäude des Kaufhauses am Queensway eröffnet wurde, konnte William Whiteley diesen Triumph leider nicht mehr miterleben. Er war am 24. Januar 1907 in seinem Geschäft erschossen worden. Sein Mörder, ein Mann namens Horace George Raynor, behauptete, Whiteleys unehelicher Sohn zu sein. Whiteley starb als wohlhabender Mann und hinterließ ein Vermögen von einer Million Pfund. Dies war der Grundstein für „Whiteley Village“, eine gemeinnützige Siedlung für bedürftige Senioren, die zu seinem Andenken in Surrey errichtet wurde.

Von Erfolg und Niedergang

Bereits vier Jahre nach seiner Gründung 1863 war aus William Whiteleys kleinem Stoffgeschäft in der Westbourne Grove eine komplette Ladenzeile geworden, die 17 unterschiedliche Abteilungen umfasste. Und William Whiteleys Unternehmen wuchs rasant weiter: 1890 arbeiteten bereits 6000 Angestellte für ihn. Von einer 38-Stunden-Woche konnte damals allerdings noch keine Rede sein: Die Verkäuferinnen und Verkäufer bei Whiteleys standen an sechs Tagen in der Woche von 7 Uhr morgens bis 11 Uhr nachts im Laden. Untergebracht waren sie in firmeneigenen Unterkünften mit Schlafsälen, die nach Geschlechtern getrennt waren. Und auch hier – eigentlich im privaten Bereich – bestimmte die Firma bis ins Detail, wie sich ihre Angestellten zu verhalten hatten: Nicht weniger als 176 Regeln galt es nämlich zu befolgen.

Feuerwehrmänner versuchen, einen der unzähligen Brände bei Whiteleys zu löschen, die Unbekannte im Warenhaus gelegt hatten, vermutlich aus Neid auf den Erfolg.

Um für sein Warenhaus und die 6000 Angestellten genug frische Lebensmittel zur Verfügung zu haben, erwarb Whiteley mehrere Ländereien und stieg in die Lebensmittelverarbeitung ein. Schon bald wurden die Räumlichkeiten in der Westbourne Grove zu klein. Außerdem wurde sein Geschäft wiederholt Opfer von Bränden. Man munkelte, es seien Brandstifter am Werk gewesen. Die rasante Expansion wurde nicht überall positiv gesehen. Nicht nur die städtischen Behörden, denen Whiteley mit seinen ständigen Ladenerweiterungen und dem Verkehr, den er in das Wohnviertel brachte, ein Dorn im Auge war, sondern vor allem auch bei den Inhabern der kleineren Geschäfte in der Umgebung war er nicht gern gesehen. 1897 brannte das Geschäft in der Westbourne Grove dann komplett nieder, doch William Whiteley ließ sich nicht unterkriegen. Er beauftragte die Architekten John Belcher und John James Joass, ein neues Gebäude zu errichten. Dieses wurde am 21. November 1911 feierlich vom Londoner Bürgermeister höchstselbst eröffnet und galt zu seiner Zeit als größtes Geschäft in Großbritannien und als Symbol für Luxus.

Und auch mit seinem Vermächtnis meinte es die Zeit nicht gut. 1927 wurde sein Kaufhaus von der Konkurrenz geschluckt: Harry Gordon Selfridge, Gründer und Eigentümer des Kaufhauses Selfridges in der Oxford Street, erwarb Whiteleys, das 1981 schließlich endgültig seine Pforten schließen musste.

Ein Amerikaner erobert Englands Einkaufswelt

Harry Gordon Selfridge

Ich bin bereit, alles zu verkaufen, vom Flugzeug bis zur Zigarre.
Harry Gordon Selfridge

VON FRANKREICH AUS trat Aristide Boucicauts Konzept des Warenhauses seinen Siegeszug über den großen Teich nach Amerika an. Von dort brachte es ein Amerikaner Anfang des 20. Jahrhunderts zurück nach Europa – mit jeder Menge neuer Impulse, vor allem im Marketing. Harry Gordon Selfridge gründete in London ein Kaufhaus, das sich bis heute erfolgreich behauptet hat: Selfridge & Co., besser bekannt als „Selfridges".

Ein frühes Marketinggenie

Henry Gordon Selfridge, von Familie und Freunden „Harry" genannt, wurde im Jahre 1856 in der tiefsten amerikanischen Provinz geboren: in Ripon, Wisconsin. Da sein Vater Robert nicht aus dem Amerikanischen Bürgerkrieg zurückkehrte, musste Harrys Mutter Lois ihre Familie allein durchbringen und arbeitete als Lehrerin in Jackson, Michigan, wohin die Familie kurz nach Harrys Geburt gezogen war. 1879 begab sich Harry nach Chicago und arbeitete dort für den Einzelhändler „Field, Leiter & Company" (später Marshall Field and Company, heute Macy's). Hier machte er schnell Karriere und schaffte in den folgenden 25 Jahren den Aufstieg bis in die Geschäftsführung. Dies hatte er vor allem einem untrüglichen Geschäftssinn und seinen revolutionären Marketingideen zu verdanken. Unter anderem führte er Ausverkäufe und Wühltheken ein und erfand den verkaufsfördernden Slogan „Only ... Shopping Days Until Christmas – Nur noch ... Einkaufstage bis Weihnachten", der von Geschäften in aller Welt aufgegriffen wurde und noch heute das Weihnachtsgeschäft ankurbelt. Überdies ließ Selfridge die Schaufenster als Werbemaßnahme auch nachts beleuchten und eröffnete als Erster ein Restaurant in einem der Läden, in dem Damen auch ohne Begleitung speisen konnten. All das machte Selfridge zu einem wohlhabenden Mann.

Der Kaufhauseigentümer Gordon Selfridge setzt im Dezember 1931 den ersten Stein für die Erweiterung seines Kaufhauses in der Oxford Street. Nach den Bauarbeiten wird es das größte Kaufhaus der Welt.

Beim Blick die Londoner Oxford Street hinab ist das Gebäude von Selfridges deutlich an seinen beiden Antennenmasten auf dem Dach zu erkennen.

Doch er wollte noch mehr. Selfridge hatte bereits in den USA eine Zeit lang sein eigenes Geschäft, H.G. Selfridge & Co., suchte jedoch nach immer neuen Geschäftsideen. 1906 besuchte er mit seiner Frau Rosalie London, und was er dort an britischen Geschäften und Warenhäusern wie Harrods oder Whiteleys kennenlernte, erfüllte nicht seine hohen Ansprüche. Kurzerhand beschloss er, sein eigenes Kaufhaus auf den Britischen Inseln zu gründen. Als Standort wählte er das westliche Ende der Oxford Street, damals eine eher vernachlässigte Gegend, und investierte 400.000 Pfund in sein Vorhaben. Das Gebäude wurde vom Amerikaner Daniel Burnham entworfen und sollte ursprünglich einen mächtigen Turm bekommen, doch diese Pläne musste er fallen lassen. Statt dessen ließ er eine Skulptur des britischen Bildhauers Gilbert Bayes über dem Eingang an der Oxford Street schweben. Am 15. März 1909 öffnete das Kaufhaus, nach seinem Gründer ganz einfach „Selfridges" genannt, seine Pforten: vier Jahre nach dem neuen Harrods-Gebäude und zwei Jahre vor Whiteleys am Queensway. Der Ansturm der Besucher war gewaltig: 30 Polizisten mussten die Massen zurückhalten, die unbedingt als Erste den neuen Konsumtempel besuchen wollten.

1 – FÜR SELFRIDGE

Clever wie er war, gelang es Selfridge, für sein Kaufhaus die einprägsame Telefonnummer „1" zu bekommen – so konnte jeder das Kaufhaus schnell erreichen und sich die Ware seines Begehrens nach Hause liefern lassen.

Auch in London setzte Selfridge vor allem auf innovative Werbung und Reklame. Er richtete sich in besonderer Weise an die Frauen. Anfang des 20. Jahrhunderts genossen viele Frauen endlich neue Freiheiten, es war erstmals gesellschaftlich anerkannt, auch ohne männliche Begleitung auszugehen. Selfridge propagierte offensiv, dass „frau" auch nur zum Vergnügen einkaufen konnte und nicht immer unbedingt etwas brauchen musste. Für die damalige Zeit war dies eine vollkommen radikale Ansicht. Damit zog er insbesondere Frauen in Massen in sein Geschäft. Selfridge verfolgte mit den unterschiedlichsten Maßnahmen das Ziel, dass seine Kundinnen möglichst lange im Geschäft verweilen und auf diese Weise natürlich auch so viel Geld ausgeben sollten wie nur möglich. Er unternahm alles, damit sie sich dort wohlfühlten: Es gab im Selfridges elegante Restaurants, eine Bibliothek und ein Lesezimmer, einen Ruheraum mit gedämpfter Beleuchtung und bequemen Sesseln sowie spezielle Empfangszimmer für Kunden aus Frankreich, Deutschland, den USA und aus den „Kolonien". Auf dem Dach des Kaufhauses befanden sich ein Garten, ein Café, ein Minigolfplatz – und ein Schützenverein für Frauen. Auch wurden dort oben, hoch über den Dächern Londons, gerne Modenschauen präsentiert. 1913 trat beispielsweise das Tänzerpaar Florence Walton und Maurice Mouvet im Dachgarten auf und machte 2000 Gäste mit dem für die damalige Zeit höchst gewagten Tango bekannt.

Mit Parfüm gegen Pferdemist

In der Mitte des Erdgeschosses befand sich prominent gelegen die Parfümabteilung, die bei den Kundinnen Begehrlichkeiten wecken sollte, damals aber darüber hinaus auch noch einem ganz anderen Zweck diente: Die verführerischen Düfte sollten den weniger angenehmen Geruch der Pferdeäpfel überdecken, der von der Straße ins Geschäft wehte. Diese Zeiten sind zwar längst passé, aber eines ist noch immer gleich: Auch heute noch befindet sich in den meisten Kaufhäusern die Parfümabteilung im Erdgeschoss, gleich hinter dem Eingang.

Die Angestellten waren angewiesen, sich im Hintergrund zu halten, aber dennoch den Kunden stets behilflich zu sein und natürlich die Produkte zu verkaufen. Außerdem holte Selfridge regelmäßig besondere Veranstaltungen in sein Kaufhaus, mit denen er sich einen neuen Kundenkreis zu erschließen hoffte. So wurde zum Beispiel Louis Blériots Eindecker, mit dem er 1909 als Erster den Ärmelkanal überquert hatte, bei Selfridges ausgestellt und lockte 150.000 Besucher in das Kaufhaus. 1925 führte John Logie Baird hier seinen neu erfundenen Fernseher zum ersten Mal der Öffentlichkeit vor.

Anstelle eines zunächst geplanten Turms schwebt nun eine Skulptur über dem Eingang zum Londoner Kaufhaus Selfridges.

Der Erfolg gab ihm recht und brachte Harry Gordon Selfridge den Spitznamen „Earl of Oxford Street" ein. Bereits 1922 konnte sich das Kaufhaus seiner 15 Millionen Kunden pro Jahr rühmen.

Verschwenderischer Lebensstil

Gordon Selfridge – auf „Harry" verzichtete er mittlerweile – genoss seinen Reichtum in vollen Zügen, vor allem nachdem seine Frau Rosalie 1918 einer Grippeepidemie zum Opfer gefallen war. Er hatte zahlreiche Affären mit prominenten und weniger prominenten Frauen und veranstaltete in seinem Haus am Berkeley Square im Londoner West End legendäre Partys. Auch dem Spiel soll er nicht abgeneigt gewesen sein. Als Landsitz mietete Selfridge ein Schloss, wie es sich für einen Angehörigen des Adels gehörte, auch wenn es in seinem Fall nur der Geldadel war: In Highcliff Castle in Dorset verbrachte er seine Wochenenden. Überdies erwarb er an der englischen Südküste eine 1,6 Kilometer lange Landspitze, auf der er ein prächtiges Schloss errichten lassen wollte. Doch es kam anders als geplant …

Im Zuge der Weltwirtschaftskrise schrumpfte Selfridges Vermögen rapide und löste sich schließlich ganz in Luft auf. Nicht nur der Zusammenbruch der Wirtschaft, sondern auch sein eigener verschwenderischer Lebensstil hatten entscheidenden Anteil daran, dass er 1939 sein eigenes Geschäft aufgeben musste. Bereits im Rentenalter – er zählte mittlerweile 83 Lenze –, hatte sich Selfridge seinen Lebensabend sicherlich anders vorgestellt. Er war verschuldet, konnte seine Steuern nicht mehr zahlen, er musste sein Haus aufgeben und Bus fahren, anstatt sich von einem Chauffeur herumkutschieren zu lassen. Auch sein Kaufhaus traf es in den folgenden Jahren schwer. Bei der Bombardierung Londons im Zweiten Weltkrieg entstanden katastrophale Schäden am Gebäude. So erschüttert war Selfridge über die Zerstörung seines Lebenswerks, dass er schwor, den Dachgarten nie wieder zu öffnen – und das ist bis heute so geblieben. Seine letzten Lebensjahre verbrachte Harry Gordon Selfridge in bescheidenen Verhältnissen in Putney, im Südwesten von London, wo sich seine Tochter rührend um ihn kümmerte.

Selfridges und das Fernsehen

Mit John Logie Baird begann es und das Kaufhaus blieb dem Fernsehen treu: Als einer der ersten Einzelhändler verkaufte Selfridges Fernsehgeräte – vor allem im Jahr 1953, als die Krönung der Königin Elizabeth II. live im Fernsehen übertragen wurde, stiegen die Verkaufszahlen sprunghaft an. In den 1970er-Jahren schaltete Selfridges als erstes Kaufhaus Werbespots im englischen Fernsehen.

Die Nummer 2 nach Harrods

Das Stammhaus von Selfridges in der Oxford Street ist mit einer Verkaufsfläche von 50.000 Quadratmetern heute das zweitgrößte Geschäft Großbritanniens nach Harrods. Auf sechs Stockwerken finden Kunden nicht nur alles, was das Herz begehrt, sondern auch alles für einen feinen Gaumen: 16 Cafés und Restaurants sorgen für ihr leibliches Wohl. Neben dem Stammhaus zwischen Orchard und Duke Street an der Oxford Street wurden zwei Filialen in Manchester und eine in Birmingham eröffnet.

Nach Gordon Selfridges Tod wurde das Haus in der Oxford Street von der Warenhausgruppe Lewis erworben, die 1965 von der Sears-Gruppe übernommen wurde. 2003 kaufte der Kanadier Galen Weston, dem schon diverse Kaufhaus- und Supermarktketten gehörten, Selfridges für den stolzen Preis von 598 Millionen Pfund. Somit ist das Haus, das von einem Amerikaner gegründet wurde, erneut in nicht britischen Händen. Obwohl es zu dieser Zeit bereits Expansionspläne in andere britische Städte gab, entschied sich Weston dafür, seine Ressourcen in die Renovierung des Stammhauses in der Oxford Street zu stecken. Und er hatte Erfolg mit seinen Plänen: 2010 wurde Selfridges zum besten Kaufhaus der Welt gewählt.

Er hat nicht nur die Oxford Street zu einer der besten Einkaufsgegenden der Welt gemacht, sondern den gesamten Einzelhandel vorangetrieben.
„Drapers Record"

The Romance of Commerce: Ein Geschäftsmann mit Leib und Seele

Eine nicht ganz alltägliche Hinterlassenschaft: das literarische Werk des Warenhausgründers Harry Gordon Selfridge

Die meisten Warenhausgründer setzen alles daran, ein florierendes Geschäft zu hinterlassen, doch für Harry Gordon Selfridge musste es noch etwas mehr sein. Er veröffentlichte ein Buch, das sich mit dem Handel beschäftigte. Aus heutiger Sicht interessanter wäre sicherlich eine Autobiografie des erfolgreichen Geschäftsmannes gewesen, seine Geschäftsphilosophie und wie er auf seine für die damalige Zeit revolutionären Werbe- und Marketingstrategien kam. Doch *The Romance of Commerce* (1918) ist eher ein zusammenfassender Abriss des Einzelhandels von den Anfängen in China, Griechenland und Venedig über berühmte Kaufmannsfamilien wie die Medici oder Fugger bis hin zu ausgewählten Unternehmen im 20. Jahrhundert. Auch wenn sein Buch kein Klassiker der Wirtschaftsliteratur wurde, gibt es doch einen Satz, den Harry Gordon Selfridge geprägt hat und der noch heute Maßstäbe für Einzelhändler und Dienstleister setzt – oder zumindest setzen sollte: „The customer is always right", ins Deutsche übertragen: „Der Kunde ist König."

Warenhausarchitektur

Eine Inschrift am ehemaligen Warenhaus Tietz in der Düsseldorfer Königsallee lautet: „Dem edlen Schönen alle Zeit / sei dieser stolze Bau geweiht." „Stolze Bauten" sind und waren die Kaufhäuser schon seit ihren Anfängen: Sie beeindrucken nicht nur durch ihre massive Größe, sondern auch durch eine ausgefeilte Architektur, mit der sie neue Maßstäbe setzten.

Der Lichthof als zentrales Element

Die Architekten der ersten Warenhausbauten wollten sich gezielt von den engen und dunklen Läden der kleinen Händler abheben und setzten bei ihren Gebäuden daher von Anfang an auf Helligkeit und Tageslicht. Im Zentrum der Warenhausbauten standen dabei ein oder mehrere Lichthöfe, die dafür sorgten, dass Tageslicht die Räume durchfluten konnte. Bereits in den ersten Pariser Warenhäusern waren Lichthöfe zu finden, oft von prächtigen Kuppeln überdacht. Für zusätzliche Lichteffekte sorgten die Glasfenster der Kuppeln, die oft bunt waren, und so eine besondere Atmosphäre im Inneren entstehen ließen. Obwohl Warenhäuser in verschiedene Abteilungen gegliedert sind, gab es keine abgeschlossenen Räume. Durch die offene Architektur sollten die Kunden dazu angeregt werden, im Kaufhaus umherzustreifen, einen Blick auf das Warenangebot zu werfen und dabei Dinge zu kaufen, die sie eigentlich nicht unbedingt zu kaufen vorhatten.

Innovationen in der Architektur

Schon von Anfang an beschritten die Architekten der Warenhäuser bei ihren Enwürfen neue Wege. In Paris arbeiteten sie viel mit Eisen und Glas – damals ein völlig neues Baukonzept. Als 1897 das Kaufhaus Wertheim in der Leipziger Straße in Berlin eröffnete, setzten der Bauherr Wertheim und sein Architekt Alfred Messel neue Maßstäbe in der Warenhausarchitektur. Während die früheren Warenhäuser aussahen wie – zugegebenermaßen sehr beeindruckende – Wohnhäuser mit einem Geschäft im Erdgeschoss, sollte Messels Kaufhaus auf den ersten Blick als solches zu erkennen sein und sich von „normalen" Wohn- und Geschäftsbauten unterscheiden. Er zog Pfeiler vom Boden bis zum Dach und stattete die Zwischengeschosse mit großen Fenstern aus. Wie die meisten Warenhäuser hatte auch der neue

Das Selfridges-Gebäude in Birmingham besticht durch seine ausgefallene Architektur.

Wertheim zwei Lichthöfe, die das Tageslicht in die Verkaufsetagen leiteten und bei den Kunden den Eindruck erweckten, sie würden auf einer breiten Straße unter freiem Himmel flanieren. Messels Bauweise fand in den folgenden Jahren zahlreiche Nachahmer.

Pompöse Fassaden

Von außen glichen die Warenhäuser der Jahrhundertwende oft Palästen oder Kirchen. Man denke nur an die prächtige Fassade des Londoner Kaufhauses Selfridges oder an die Terrakotta-Fassade des Konkurrenten Harrods mit ihren Tausenden von Glühbirnen. Die Eingangstore glichen in der Zeit, bevor es Schiebetüren aus Glas gab, eindrucksvollen Schlossportalen – genau richtig für das Reich, in dem der Kunde König war.

Betonklötze der Nachkriegszeit

Als die Innenstädte nach dem Zweiten Weltkrieg wieder aufgebaut wurden, war es vorbei mit der pompösen Warenhausarchitektur. Nun waren Schaufenster im Erdgeschoss wieder die einzige natürliche Lichtquelle, die oberen Etagen mussten oft ganz ohne Fenster auskommen. Auch auf Lichthöfe wurde weitgehend verzichtet. Erst in den letzten 20 Jahren, als bei vielen Nachkriegsbauten umfangreiche Renovierungen anstanden, besann man sich wieder auf das Tageslicht und stattete die Kaufhausfronten nachträglich mit großzügigen Fenstern aus.

KAPITEL 3

Größer, neuer, innovativer!

New York setzt auf Technik

Die Erfindung des Fahrstuhls und die Entdeckung von Gusseisen als Baumaterial ließen die Gebäude auf der kleinen Insel Manhattan in die Höhe schießen. Zur Zeit des Gilded Age entstand mit der „Ladies' Mile" New Yorks erster Shoppingdistrikt und damit die Flaggschiffe der exquisiten Warenhauswelten mit ihren schillernden Namen wie Macy's oder Bloomingdale's.

Alexander Turney Stewart und sein Marmorpalast

Anfänge an der Ladies' Mile

A. T. Stewart baute einen riesigen, säulenbesetzten, weißen Marmorpalast, der in architektonischem Anspruch und Kostspieligkeit jedes Haus der Stadt übertraf. Hinter Astor war Stewart der größte Landbesitzer in New York, der erfolgreichste Kaufmann der Welt und der Betreiber eines gewaltigen Warenhauses.

Lloyd R. Morris, *Incredible New York*

DER GEBÜRTIGE IRE Alexander Turney Stewart (1803–1876) konnte sich Mitte des 19. Jahrhunderts rühmen, das größte Geschäft der Welt zu besitzen. Am Broadway, zwischen Chambers Street und Reade Street, lag sein Marmorpalast, der dem Geschäftsmann ein Millionenvermögen einbrachte.

Alles begann mit Kurzwaren

Alexander Turney Stewarts Kindheit war alles andere als rosig. Sein Vater, ein irischer Bauer, starb drei Wochen nach der Geburt seines Sohnes an Tuberkulose. Stewarts Mutter heiratete wieder und wanderte mit ihrem zweiten Mann nach Amerika aus. Ihren damals gerade zwei Jahre alten Sohn ließ sie in Irland bei seinem Großvater John Torney zurück. John wünschte sich, dass sein einziger Enkel Pfarrer wurde, doch Alexander wollte lieber studieren. Als er 13 Jahre alt war, starb sein Großvater und Thomas Lamb, ein irischer Quäker, kümmerte sich um den Jungen. Etwa zu der Zeit, als Alexander die Schule abschloss, nahm er Kontakt zu seiner Mutter in New York auf und wusste schon bald: Da wollte er auch sein, da würde er Karriere machen.

Grundstein für das Millionenvermögen von Alexander Turney Stewart war der prachtvolle Marmorpalast am Broadway.

Thomas Lamb schickte ihn allerdings zunächst einmal nach Belfast, denn der Junge sollte Arbeitserfahrung sammeln. Obwohl Alexander lieber sofort nach Amerika gegangen wäre, fügte er sich den Wünschen seines Wohltäters und begann, in einem Lebensmittelgeschäft zu arbeiten. Schließlich packte er seine Siebensachen und die 500 Pfund, die er verdient hatte, und brach in die Neue Welt auf. Dort arbeitete er zunächst als Lehrer und lernte in seiner Kirchen-

gemeinde seine spätere Frau Cornelia Mitchell Clinch, die Tochter eines wohlhabenden Schiffsausrüsters, kennen. Als Alexander Turney Stewart volljährig wurde, kehrte er kurz nach Irland zurück, um das Erbe seines verstorbenen Großvaters anzutreten, der ihm eine Summe zwischen 5000 und 10.000 Pfund hinterlassen hatte. Seinen neuen Reichtum investierte Stewart noch in Irland in Leinen und Spitze und eröffnete nach seiner Rückkehr in New York im Jahr 1823 ein Geschäft, in dem er beides verkaufen wollte.

[Als Geschäftsmann] wird man es mit dummen, voreingenommenen und unschuldigen Menschen zu tun bekommen. Man wird oft die Gelegenheit haben, sie zu betrügen. Und wenn sie könnten, würden sie einen auch betrügen oder dazu bringen, Waren ohne Profit zu verkaufen. Man muss klug sein, aber nicht zu klug. Man darf nie die Kundin betrügen, selbst wenn man könnte … Stattdessen muss man sie glücklich und zufrieden machen, damit sie wiederkommt.

Alexander Turney Stewart

Ein erstes Geschäft am Broadway

Stewarts erstes Geschäft – das erste Kaufhaus der USA – befand sich am Broadway, genau gegenüber von der Stelle, an der später sein „Marble Palace“ stehen sollte. Es war nur 12,5 Fuß breit und 30 Fuß tief – ganz normal für einen Laden dieser Zeit. Sein Geschäft lag weit weg von seinen Konkurrenten, doch Stewart setzte von Anfang an darauf, dass Kunden die Anreise nicht scheuen würden, wenn sie dafür einen guten Preis bekämen. Bei der Eröffnung platzierte er Kisten mit seinen Waren auf dem Bürgersteig vor dem Laden, um Kunden auf seine Waren aufmerksam zu machen. Von Anfang an unterhielt er dabei ein freundschaftliches Verhältnis zu seinen Kunden und Kundinnen. Und der Erfolg gab ihm recht.

Stewarts erstes Geschäft am Broadway war zugleich das erste Warenhaus der USA.

Innen günstig und außen prunkvoll: Stewarts Kaufhäuser waren regelrechte Paläste aus Eisen und Marmor.

Paläste aus Marmor und Eisen

Sein Geschäft wuchs und wuchs, und die Räumlichkeiten am Broadway wurden schon bald zu klein. Deshalb ließ Stewart zwischen 1846 und 1848 auf der gegenüberliegenden Straßenseite seinen Marble Palace errichten, die Wiege der amerikanischen Kaufhauskultur. Das fünfstöckige Gebäude wird von korinthischen Säulen aus Gusseisen gestützt und ist heute noch unter der Adresse 280 Broadway zu bewundern. Drinnen gab es Damenbekleidung. Eine absolute Innovation waren die großen Spiegel im zweiten Stock, in denen sich die Kundinnen aus verschiedenen Blickwinkeln begutachten konnten. Wie sein Name schon sagt, bestand die Fassade des Gebäudes aus Marmor. Damit war es das erste Geschäftsgebäude der USA mit einem extravaganten Aussehen – und sollte bei Weitem nicht das letzte bleiben.

Das Geschäft im Marble Palace boomte, und schon bald konnte Stewart eine neue Filiale eröffnen. Er ließ sich mit seiner Firma „A.T. Stewart & Company" dort nieder, wo mittlerweile auch Macy's und Lord & Taylor zu Hause waren: an der sogenannten „Ladies' Mile" am Broadway und an der Sixth Avenue, zwischen der 9. und 23. Straße – einem Straßenzug, an dem in der Zeit zwischen dem amerikanischen Bürgerkrieg und dem Ersten Weltkrieg die meisten Kaufhäuser lagen.

1862 entstand Stewarts „Iron Palace", der Eisenpalast, ein sechsstöckiges Gebäude mit einer Fassade aus Gusseisen und einer großen Glaskuppel über einem Lichthof. 2000 Angestellte arbeiteten in dem riesigen Gebäude, das sich vom Broadway und der 9. Straße bis zur 10. Straße und dem Astor

NEW YORK CITY.—THE SEWING-ROOM AT A. T. STEWART'S, BETWEEN NINTH AND TENTH STREETS, BROADWAY AND FOURTH AVENUE.—See Page 197.

Place erstreckte. In 19 Abteilungen wurden Seide, Bekleidung, Teppiche, Spielzeug und noch vieles mehr verkauft.

Man könnte dort sein ganzes Haus einrichten, bis hin zu Bettwäsche, Teppichen und Polstermöbeln.

„New York Times“

Schon früh führte Stewart auch ein Versandgeschäft ein, sodass die Damenwelt von Kalifornien bis Florida bei ihm einkaufen und sich modisch einkleiden konnten. Frauen aus der Provinz hatten Stewart immer häufiger Briefe geschrieben und um bestimmte Waren gebeten. Am Anfang beantwortete Stewart diese Briefe noch selbst, verschickte die gewünschten Stücke und übernahm sogar das Porto. War die Ware dann angekommen, sandten ihm die Kundinnen das Geld dafür. Stewart brachte seinen Kunden also großes Vertrauen entgegen und sie dankten es ihm. 1876 kümmerten sich schon 20 Angestellte um das Versandgeschäft und das Kaufhaus erzielte in diesem Jahr einen Gewinn von 500.000 Dollar allein aus dem Versand.

Ladies' Mile:
Die Strasse ins Paradies

Zwischen dem amerikanischen Bürgerkrieg (1861–1865) und dem Ersten Weltkrieg siedelten sich am Broadway und an der Sixth Avenue zwischen der 9. und 23. Straße zahlreiche Kaufhäuser an, darunter Lord & Taylor, Macy's, Bloomingdale's und Bergdorf Goodman. Hier konnten die Frauen auch ohne männliche Begleitung ungestört bummeln und fanden alles, was ihre Herzen höher schlagen ließ.

Stewart selbst wurde ein wohlhabender Mann. Neben seinen Warenhäusern besaß er mehrere Mühlen und Fabriken, um seine Produkte selbst herzustellen, und schuf so Tausende weitere Arbeitsplätze. 1869 wurde sein jährliches Einkommen auf eine Million Dollar geschätzt. Er ließ sich ein palastartiges Wohnhaus an der Fifth Avenue errichten, dessen Fassade ebenfalls aus Marmor bestand und das von einer Art Burggraben umgeben war. Bei seinem Tod im Jahr 1876 war Stewart einer der reichsten Männer in New York. Er hinterließ ein Vermögen von rund 40 Millionen Dollar und zeigte sich auch seinen Mitarbeitern erkenntlich: Die sechs Angestellten, die seit der Firmengründung für ihn arbeiteten, wurden mit 250.000 Dollar bedacht. Der Iron Palace wurde 1896 an John Wanamaker verkauft und als Wanamaker's wiedereröffnet. Die Zeitung *New York Sun* erwarb den Marble Palace, der in der Folgezeit als „Sun Building“ bekannt wurde.

[Eine seiner besten Eigenschaften war die] Aufmerksamkeit, die er den Details des Geschäfts schenkte … Er hätte diese Aufgabe anderen übertragen können – es ist wichtig, sich um die Details zu kümmern –, doch nur wenige kehren sogar den Fußboden. Genau das hat Stewart gemacht.

John Wanamaker über Alexander Turney Stewart

Neben seinen Kaufhäusern stieg Stewart in die Eigenproduktion der Waren ein – ein Schritt, der sich für den Unternehmer auszahlen sollte.

Was wäre der Big Apple ohne Macy's?

Schicksal des größten Warenhauses der Welt

Wenn Sie Macy's nicht gesehen haben, haben Sie New York nicht gesehen.

Firmenmotto

DAS GRÖSSTE Warenhaus der Welt – so nennt sich das Stammhaus der Warenhauskette Macy's in New York. Hier gibt es alles, was das Herz begehrt: von Kleidung über Haushaltsgegenstände bis hin zur Antiquität. Außerdem natürlich Friseure, Cafés und Restaurants und eine Fülle weiterer Dienstleister. Auch wer nichts kaufen will, sollte trotzdem einmal mit dem knarrenden Holzfahrstuhl auf der Broadway-Seite fahren.

Vom Walfänger zum Kaufhausmagnaten

Gegründet wurde Macy's – ursprünglich „R. H. Macy & Company" – im Jahr 1858 von dem ehemaligen Walfänger Rowland Hussey Macy (1822 bis 1877). Schon vorher hatte er mit diversen Läden in der Provinz sein Gück versucht. Darunter befand sich auch ein erstes Geschäft namens „Macy's" in Haverhill, Massachusetts, in dem sich die Arbeiter der umliegenden Mühlen mit Gegenständen des täglichen Bedarfs eindecken konnten. Diese Versuche waren wenig erfolgreich, doch Macy lernte aus seinen Fehlern. Obwohl sein New Yorker Unternehmen am ersten Tag nur einen Umsatz von 11,06 Dollar machen konnte, stieg dieser bis zum Jahresende auf stolze 90.000 Dollar an. Macy setzte von Anfang an auf beleuchtete Schaufenster und lockte seine Kunden unter anderem mit einem „lebendigen" Santa Claus in sein Geschäft, dem Kinder ihre Weihnachtswünsche mitteilen konnten. Zudem bot er nicht nur Mode von der Stange, sondern maßgeschneiderte Damen- und Herrenbekleidung an, die er vor Ort anfertigen ließ. Bei Macys Tod im Jahr 1877 war aus seinem kleinen Laden ein Warenhaus geworden, das bereits elf Gebäude umfasste. An Macys Vergangenheit als Seefahrer erinnert heute übrigens noch das Firmenlogo: ein roter Stern. Es ist inspiriert von einer seiner Tätowierungen, die sich Macy als Walfänger hatte stechen lassen.

Bei Macy's in New York gibt es tatsächlich alles, was das Herz begehrt – von Apfelschälern über Sportschuhe bis zum antiken Teppich.

MACY'S
FLOWER

Gut gelegen im Herzen der Stadt und somit Anlaufstelle vieler New-York-Touristen, auch wenn sie nichts erwerben möchten

Die Familie Straus übernimmt das Kaufhaus

Nach dem Tod des Firmengründers blieb das Geschäft noch beinahe 20 Jahre lang im Familienbesitz der Macys, wurde 1895 jedoch von den Brüdern Nathan (1848–1931) und Isidor Straus (1845–1912) gekauft. Die Familie Straus stammte ursprünglich aus der Region Kaiserslautern und wanderte 1854 in die USA aus, wo sie sich im Bundesstaat Georgia niederließ. Nach dem Bürgerkrieg kam die Familie Straus nach New York, und Nathan und Isidor eröffneten schon bald ein Porzellan- und Glaswarengeschäft innerhalb des Kaufhauses Macy's.

Nachdem sie das Kaufhaus übernommen hatten, setzten die Brüder Straus weiterhin auf Expansion: 1902 verlegten sie den Stammsitz des Kaufhauses an seinen heutigen Standort am Herald Square an der Kreuzung der 34. Straße mit dem Broadway. Die Erkerfenster und die korinthischen Säulen von 1902 sind nach wie vor erhalten.

Das Geschäft blüht

In der Macy's-Filiale in San Francisco blühten nicht nur die Geschäfte, auch das Kaufhaus selbst blühte: 1946 wurde hier die erste „Flower Show" durchgeführt, eine Blumenschau, die ursprünglich als Werbemaßnahme für ein Parfüm gedacht war. Die „Flower Show" war ein großer Erfolg und so wird seitdem in den Häusern in New York, Chicago, Minneapolis, Philadelphia und Washington jedes Jahr der Frühling mit einer Blütenpracht und vielen kulturellen Highlights begrüßt.

Eine Reise in den Tod

Beinahe ebenso bekannt wie das Kaufhaus Macy's ist der Tod von Isidor Straus und seiner Frau Ida. 1912 befand sich das Ehepaar auf dem Rückweg von Deutschland in die USA. Isidor Straus war einer der reichsten Männer der USA – wen wundert es da, dass er für seine Heimreise ein brandneues, luxuriöses und als unsinkbar gerühmtes Passagierschiff wählte, das am 10. April 1912 von Southampton aus seine Jungfernfahrt antrat? Schließlich konnte sich das Ehepaar Straus die Überfahrt auch in der ersten Klasse locker leisten. Doch zwei Tage später rammte die „Titanic" einen Eisberg und sank. Straus hätte zusammen mit seiner Frau einen Platz in einem Rettungsboot ergattern können, doch er – damals 67 Jahre alt – wollte diesen lieber einem jüngeren Mann überlassen. Seine Frau Ida wollte nicht von ihrem Mann getrennt werden und blieb mit ihm an Bord des sinkenden Schiffs zurück. Hand in Hand saßen sie auf zwei Liegestühlen, bevor sie von einer großen Welle ins Meer gespült wurden. Isidors Leiche wurde später gefunden, seine Frau ruht für immer in den eiskalten Tiefen des Atlantiks.

Das Wunder von Manhattan

Der beliebte Weihnachtsfilm „Das Wunder von Manhattan" (1947) spielt im Kaufhaus Macy's und wurde auch dort gedreht. Auf den Standort des Warenhauses an der 34. Straße spielt der englische Originaltitel „Miracle on 34th Street" an. Der Film kritisiert schon früh die Tatsache, dass Weihnachten für viele Menschen in erster Linie Konsum und Kommerz bedeutet, und geht der Frage nach, ob es den Weihnachtsmann wirklich gibt – und ob er vielleicht sogar in einem Kaufhaus zu finden ist.

Eine Luxusreise auf dem edlen Passagierschiff Titanic *brachte dem Firmeneigentümer Isidor Straus und seiner Frau Ida den Tod.*

Eine Tradition, die nicht mehr aus New York wegzudenken ist: Macy's Thanksgiving Day Parade

Das größte Warenhaus der Welt

Mit einer Verkaufsfläche von 198.500 Quadratmetern gilt das Stammhaus von Macy's in New York als größtes Warenhaus der Welt und ist mehr als dreimal so groß wie das KaDeWe in Berlin. In seinen zehn Stockwerken arbeiten rund 3000 Mitarbeiter. Neben der Macy's Thanksgiving Day Parade sponsert das Kaufhaus auch das Feuerwerk der Stadt New York am 4. Juli, dem amerikanischen Unabhängigkeitstag.

Die Macy's Thanksgiving Day Parade, die seit 1924 durchgeführt wird und jährlich rund 250.000 Besucher anzieht, ist eine New Yorker Tradition. Sie wird auch landesweit im Fernsehen übertragen. Die Parade dauert drei Stunden und beginnt am Thanksgiving Day um 9 Uhr morgens. Ihr Ausgangspunkt ist die Kreuzung der 77. Straße mit der Central Park West, die Parade bewegt sich südlich am Central Park entlang, biegt in den Broadway ein und führt dann über den Times Square natürlich am Macy's-Haus vorbei, bevor sie an der 34. Straße in Richtung Seventh Avenue abbiegt und dort endet. Bis 1927 nahmen noch echte Tiere an der Parade teil, doch dann wurden diese durch Ballonfiguren ersetzt. Berühmte Ballonfiguren waren unter anderem Micky Maus (1934), Popeye (1957), Kermit (1977), Garfield (1984) und SpongeBob (2004 und 2011).

Auf der 198.000 Quadratmeter großen Verkaufsfläche hat sich sicherlich schon so mancher Kunde verlaufen. Hilfreich kann es dann sein, einen der rund 3000 Mitarbeiter nach dem Ausgang zu fragen.

Ab 1920 kamen auch andere Städte in den USA in den Genuss von Macy's und erste Filialen wurden eröffnet. Heute betreibt die Dachgesellschaft Macy's Inc. rund 800 Warenhäuser unter dem Namen „Macy's" und ca. 40 Häuser unter dem Namen „Bloomingdale's."

macy's
THE WORLD'S LARGEST STORE
macy's
West 34th St
sunglass hut
LUPONE
GYPSY
ACADEMY

Das Gilded Age – Blütezeit der amerikanischen Wirtschaft

In der Zeit nach dem amerikanischen Bürgerkrieg erlebte die US-Wirtschaft eine Blütezeit, die bis zum Beginn des Ersten Weltkriegs dauerte. Der Begriff „Gilded Age" wurde vom Schriftsteller Mark Twain geprägt und bedeutet „Vergoldetes Zeitalter". Damit übte Mark Twain auch Zeitkritik, denn eine Vergoldung bedeutet ja nur eine oberflächliche Veränderung. Der Kern eines Objekts – oder einer Gesellschaft – bleibt jedoch unverändert.

Unglaubliches Wirtschaftswachstum

In den 1870er- und 1880er-Jahren wuchs die amerikanische Wirtschaft so stark wie noch nie zuvor – und wie auch seitdem nie wieder. Vor allem Stahl, Öl und Zucker waren dafür verantwortlich, dass Einkommen, Bruttosozialprodukt und Reichtum rasant stiegen und die USA zur führenden Wirtschaftsmacht der Welt wurden. Zu Beginn des 20. Jahrhunderts war das durchschnittliche Einkommen eines Amerikaners ungefähr doppelt so hoch wie das eines Deutschen.

Vor allem im Nordosten der Vereinigten Staaten entstanden neue Industriestädte, in denen Einwanderer aus Europa, zunehmend aber auch aus China Beschäftigung fanden. Ab 1869 verband die erste transkontinentale Eisenbahnlinie San Francisco mit der Ostküste der USA und ermöglichte es den Unternehmern und Warenhäusern, ihre Produkte und Waren landesweit abzusetzen. Eine neue Oberschicht extrem reicher Industriemagnaten entstand, darunter John D. Rockefeller, Andrew Carnegie oder die Familien Vanderbilt und Astor.

Bahnbrechende Erfindungen

In der Zeit des Gilded Age wurden etliche Erfindungen gemacht, die die Welt für immer verändern sollten. Zwischen 1860 und 1890 wurden über 500.000 Patente angemeldet, zehnmal mehr als in den vorangegangenen 70 Jahren. Dazu gehörten zum Beispiel die Patente für das Telefon, die Rolltreppe und für die Druckluftbremsen, die die Eisenbahnen schneller und sicherer machten. Auch Thomas Alva Edisons zahlreiche Erfindungen rund um die Elektrizität fielen in diese Zeit. Eine Erfindung, die vor allem das Leben der Frauen entscheidend veränderte, war die Nähmaschine. Man kann sich heute nicht mehr vorstellen, wie viel Zeit eine Frau früher damit verbrachte, Kleidung, Bettwäsche oder Ähnliches zu nähen oder auszubessern. 1880, knapp 30 Jahre nach ihrer Erfindung, war die Nähmaschine bereits in über drei Millionen amerikanischen Haushalten zu finden.

Die Warenhäuser profitieren im Gilded Age

Die Warenhäuser profitierten gleich doppelt vom Wirtschaftswachstum im Gilded Age. Zum einen machten sie sich etliche der neuen Erfindungen – von Rolltreppen über Fahrstühle bis hin zur elektrischen Beleuchtung für Verkaufsräume und Schaufenster – zunutze, zum anderen verfügten die Menschen in New York, Philadelphia oder Boston nun auch über das nötige Kapital, um ihre Wohnungen opulent auszustatten oder sich nach dem neuesten Schrei einzukleiden. Und diese Einkäufe tätigten sie nur allzu gern in den Kaufhäusern, die zu dieser Zeit wie Pilze aus dem Boden sprossen und auf engstem Raum Mode und Einrichtungsgegenstände aus aller Welt präsentierten.

Es ist nicht alles Gold, was glänzt …

Das Gilded Age war jedoch nur ein vergoldetes Zeitalter und nicht jeder profitierte vom Wirtschaftsaufschwung. Immer mehr Einwanderer strömten in die Städte, mussten jedoch oft feststellen, dass das Gras auf der anderen Seite des Atlantiks auch nicht viel grüner war. Sie lebten auf engstem Raum, oft in Gegenden, die von Armut und Verbrechen geprägt waren. Um sie kümmerten sich unter anderem die YMCA und die amerikanische Heilsarmee, die ebenfalls zu dieser Zeit gegründet wurden.

Nicht für jeden war das Gilded Age auch wirklich eine Blütezeit des Wirtschaftsaufschwungs.

Bloomingdale's

Historisch, weitläufig, überwältigend

Ein Besuch in New York wäre ohne Bloomingdale's und Tiffany's sinnlos.

„New York Times"

EINST WAR Bloomingdale's der große Konkurrent von Macy's – heute gehören beide Kaufhausketten zur Dachgesellschaft Macy's Inc. Bis heute ist „Bloomies", wie die New Yorker das Traditionsgeschäft an der Third Avenue liebevoll nennen, eines der bestsortierten Kaufhäuser der Stadt.

Geschäftsstart mit Reifröcken

1861 begannen die Brüder Joseph (1842–1904) und Lyman G. Bloomingdale (1841–1905), im Geschäft ihres Vaters an der Lower East Side in Manhattan Reifröcke zu verkaufen. Neben diesem letzten Schrei der damaligen Mode gab es dort auch weitere Damenbekleidung, Korsetts und Herrenkonfektion. Gegen den Erfolg der beiden Bloomingdales sprachen damals gleich zwei Dinge: Zum einen war die Lower East Side zu dieser Zeit eine eher ärmliche Gegend, das eigentliche Zielpublikum der Brüder war an der Upper West Side zu Hause. Zum anderen hatten sich die meisten anderen Geschäfte nur auf eine einzige Ware spezialisiert und boten nicht Kleidung für Damen und Herren an.

Doch die Brüder ließen sich davon nicht abschrecken und eröffneten 1872 ihr erstes eigenes Gemischtwarengeschäft namens „Bloomingdale Bros." in der Third Avenue – und dieses Mal erwies sich ihr Standort als echter Glücksgriff. Nur wenig später wurde in der Umgebung das Metropolitan Museum of Art eröffnet und auch der soeben fertiggestellte Central Park und die St. Patrick's Cathedral brachten zahlreiche Passanten in die Gegend. Außerdem begann New York mit dem Bau der U-Bahn, die es den Menschen erheblich erleichterte, größere Distanzen innerhalb der Stadt zurückzulegen – davon profitierten auch die Bloomingdales.

Einst Konkurrent von Macy's, heute in der gleichen Dachgesellschaft vereint: Bloomingdale's

1886 zogen sie mit ihrem Laden an den heutigen Standort an der 59. Straße/Ecke Lexington Avenue. Das neue Gebäude bestach mit großen Schaufenstern und großzügigen Verkaufsflächen. Viele der Produkte im Sortiment des Kauf-

BLOOMINGDALES

Bei Bloomingdale's kommen auch Anhänger von etwas ausgefalleneren Schaufensterdekorationen immer wieder auf ihre Kosten.

hauses wurden direkt aus Europa importiert und in den Schaufenstern richtiggehend inszeniert.

Das Geschäft wuchs und wuchs, doch ab 1905 verlagerte sich das Einkaufsgebiet an die Ladies' Mile weiter südlich in Manhattan. Erst mit dem U-Bahn-Anschluss 1913 erholte sich Bloomingdale's wieder. 1920 erstreckte sich das Kaufhaus bereits über zwei Blocks. Zehn Jahre später zog „Bloomies" an einen neuen Standort ganz in der Nähe. Das Gebäude bekam einen elfstöckigen Anbau und wurde vom Architekturbüro Starrett & van Vleck im Stil des Art déco entworfen. Ab 1949 begann Bloomingdale's, Filialen in anderen Städten der USA zu eröffnen – zunächst noch im näheren Umkreis von New York, später dann auch weiter entfernt. Im Gegensatz zu vielen Konkurrenten, die mit Katalogen schon früh das ganze Land mit ihren Waren belieferten, stieg Bloomingdale's erst 1978 ins Versandgeschäft ein. Heute gehört Bloomingdale's zum Konzern Macy's Inc., durfte aber seinen Namen behalten. In über 40 Kaufhäusern in 13 US-Bundesstaaten können Kundinnen und Kunden auch heute noch unter dem Label Bloomigdale's Luxuswaren erwerben. Auch in Dubai in den Vereinigten Arabischen Emiraten befindet sich seit 2010 eine Filiale.

NÄCHSTER HALT: BLOOMINGDALE'S

Das neue Bloomingdale's-Gebäude lag äußerst günstig am Knotenpunkt der New Yorker Straßenbahnen, die damals noch von Pferden gezogen wurden. So kamen unzählige Passanten an den Schaufenstern vorbei. 1902 warb das Kaufhaus daher mit dem Spruch „All Cars Transfer to Bloomingdale's – Alle Wagen fahren zu Bloomingdale's". Dieser Slogan war auf Plakaten, Lieferwagen und sogar Sonnenschirmen aufgedruckt. 1913 wurde im Keller des Kaufhauses eine U-Bahn-Haltestelle eingerichtet – der Slogan behielt also nach wie vor recht.

Die Männer hinter dem Kaufhaus

Über die beiden Brüder Joseph und Lyman Bloomingdale, die eines der erfolgreichsten Kaufhäuser der Welt gründeten, ist heute nicht mehr viel bekannt. Ihr Vater Benjamin stammte aus Bayern und besaß ein Damenbekleidungsgeschäft an der Lower East Side in New York. Schon früh halfen die beiden Brüder im Laden ihres Vaters mit und müssen dabei wohl auf den Geschmack gekommen sein. Mit ihrem Kaufhaus setzten sie auf innovative Konzepte, und diese Neuerungen kamen bei der New Yorker Oberschicht an. 1896 zog sich Joseph Bloomingdale allerdings aus dem Geschäft zurück, doch sein Bruder Lyman blieb dem Kaufhaus bis zu seinem Tod treu. Nach ihm übernahm sein Sohn Samuel die Geschäftsführung und erwies sich als Marketinggenie in eigener Hinsicht.

Die braune Tüte

Die „brown bag“ des Kaufhauses Bloomingdale's ist in den USA überall bekannt. Die braune Papiertüte wurde 1973 eingeführt und von Massimo Vignelli entworfen, von dem auch die aktuelle Hausschrift des Kaufhauses stammt. Die Tasche gibt es in drei Größen, anstatt des Kaufhausnamens prangt jedoch lediglich die Aufschrift „little/medium/big brown bag“ auf den Tüten. Nur im Seitenfalz befindet sich das Kaufhaus-Logo.

Innovative Marketingstrategien

Immer wieder arbeiteten berühmte Künstler, Designer und Modeschöpfer für das Kaufhaus, darunter zum Beispiel Andy Warhol. Zahlreiche namhafte Modedesigner wie Ralph Lauren entwerfen eigene Kollektionen für Bloomingdale's. Eine Klasse für sich ist auch die Delikatessenabteilung des Kaufhauses: In einem Geschäft dort wird ausschließlich Kaviar verkauft.

Bis heute unterscheidet sich Bloomingdale's in seinem Marketing von seinen Mitbewerbern. TV- und Printwerbung spielen nur eine untergeordnete Rolle, stattdessen setzt das Warenhaus auf den persönlichen Kontakt zwischen Verkäufern und Kunden. Die Verkäufer rufen zum Beispiel Kunden an und informieren sie persönlich über bevorstehende Verkaufsaktionen. So bekommen die Kunden das Gefühl, sie würden gegenüber dem „normalen“ Publikum bevorzugt, indem sie bestimmte Produkte schon früher oder zu einem besseren Preis bekommen – ein hervorragendes Werkzeug der Kundenbindung.

Kundenbindung wird bei Bloomingdale's groß geschrieben. Kein anderes Kaufhaus informiert seine Käufer in persönlichen Telefonaten über Angebote.

Neue Möglichkeiten in der Krise

Ende der 1920er-Jahre wurde dem Aufschwung ein jähes Ende gesetzt: Die Weltwirtschaftskrise ließ etliche Unternehmen zusammenbrechen und führte zu massiver Arbeitslosigkeit und Deflation. Ihren Ausgang hatte die Krise in den USA, wo ab Anfang September die Aktienpreise zu sinken begannen. Am 24. Oktober 1929 (dem „Black Thursday") fielen die Aktienwerte um elf Prozentpunkte und am „schwarzen Dienstag", dem 29. Oktober, wurden so viele Aktienverkäufe getätigt wie in den nächsten 40 Jahren nicht mehr.

Obwohl sich der Aktienmarkt kurzfristig erholte, schnallten die Amerikaner den Gürtel enger und der Konsum ging um 10 Prozent zurück. Dies traf die Wirtschaft erneut, aber auch den Staat – unter anderem durch entgangene Steuereinnahmen. Hinzu kam noch, dass das Landesinnere der USA ab dem Sommer 1930 von einer extremen Dürre heimgesucht wurde, der die Getreideproduktion zum Opfer fiel. In der Folge konnten Hunderttausende Amerikaner ihre Häuser oder ihre Miete nicht mehr bezahlen und lebten auf der Straße. Unzählige Menschen verließen wegen der Dürre ihre Farmen und suchten in den Städten an der Ost- oder Westküste ein neues Leben. Doch auch dort erwartete sie oft nur die Arbeitslosigkeit und ein (Über-)Leben in Notunterkünften. Der Rückgang in der amerikanischen Wirtschaft zog auch andere Länder mit, und ab Ende 1930 ging es mit der gesamten Weltwirtschaft bergab.

Überproduktion und Massenspekulation

Die Ursachen der Weltwirtschaftskrise sind vielfältig. Auf den Agrar- und Rohstoffmärkten kam es zu einem massiven Überangebot, da während des Ersten Weltkriegs verstärkt produziert wurde. Nach Kriegsende hatte man deshalb große Überkapazitäten, die kaum mehr gebraucht wurden. Die Preise verfielen.

Auch der Börsenkrach von 1929 kann als Folge von Überproduktion und kreditfinanzierter Massenspekulation gesehen werden. Um von der boomenden Wirtschaft in den 1920er-Jahren profitieren zu können, kaufte bald jedermann Aktien und nahm häufig einen Kredit auf, um sich diese überhaupt leisten zu können. Mit den erwarteten Gewinnen am Ak-

Der Kurszusammenbruch an der New Yorker Börse löste die Weltwirtschaftskrise aus.

tienmarkt sollten diese Kredite und auch die horrenden Zinsen dann schnell zurückgezahlt werden. Als sich ein Wertverlust der Aktien abzeichnete, gerieten viele Anleger in Panik und stießen ihre Wertpapiere ab – dies setzte eine unvergleichliche Abwärtsspirale in Gang.

Die Warenhäuser in der Krise – oder etwa nicht?

Wie ging es nun aber den Warenhäusern in der Weltwirtschaftskrise? Machte sich auch bei ihnen die sinkende Kaufkraft der Verbraucher bemerkbar? Gar nicht so sehr, wie man denken würde. Billigkaufhäuser wie „Woolworth" profitierten sogar von der Krise, denn ihre Waren konnte sich fast jeder leisten. Andere Warenhäuser passten sich an die Umstände an: Neiman Marcus zum Beispiel – eigentlich ja eher für seine Luxusgüter bekannt – führte in den 1930er- und 1940er-Jahren billigere Modelinien ein, um seine Kunden auch weiterhin halten zu können. Wieder andere, wie das Luxus-Kaufhaus Bergdorf Goodman, bekamen von der Krise kaum etwas mit und konnten sogar während dieser schwierigen Zeit ihre Geschäfte vergrößern. Vielleicht waren die „oberen Zehntausend", die zur Zielgruppe des Kaufhauses gehörten, vorsichtiger mit ihrem Geld umgegangen. Oder ihr Vermögen war von zehn Millionen Dollar auf fünf Millionen Dollar geschrumpft – und davon lässt es sich ja auch ganz komfortabel leben.

Rolltreppe und Fahrstuhl

Zwei amerikanische Erfindungen prägen das Gesicht der Warenhäuser

Es ist eine anerkannte Tatsache, dass es keine wichtigere und nützlichere Maschine gibt als einen Fahrstuhl oder einen modernen Aufzug, zur selben Zeit wird aber auch ein jeder einräumen, dass es für Leib, Leben und Besitz keine gefährlichere Maschine gibt.

Vorwort aus dem Katalog der Angell Elevator Company, 1900

WARENHÄUSER SIND GEWALTIGE Shoppingpaläste. Fünf Stockwerke besitzt etwa das Kaufhaus Harrods in London, in New York kann Macy's mit zehn Stockwerken aufwarten. Wer würde sich zu Fuß über zahlreiche Stockwerke in die Höhe schleppen wollen? Zum Glück erleichtern uns Rolltreppen und Fahrstühle den Zugang in die oberen Etagen – und beide sind, wie könnte es anders sein, amerikanische Erfindungen.

Rolltreppen: ein „schräger Aufzug"

Zwar waren schon 1859 und 1889 Patente auf eine Rolltreppe angemeldet worden, doch setzten die jeweiligen Erfinder ihre kühnen Pläne nie in die Tat um. Erst 1895 wurde dann tatsächlich die erste Rolltreppe von Jesse W. Reno gebaut: Der „schräge Aufzug", wie er seine Erfindung nannte, befand sich neben dem Old Iron Pier auf Coney Island, New York, und war wenig mehr als ein schräges Gummiband mit Holzplatten. Das Patent wechselte mehrmals den Besitzer, bis es in die Hände von Charles Seeberger fiel. Er tat sich mit einer Aufzugfirma zusammen und stellte die erste Rolltreppe her, die prompt bei der Weltausstellung in Paris 1900 den ersten Preis gewann. Seine Erfindung sah den heutigen Modellen schon recht ähnlich, mit einem Unterschied: Die Oberfläche war glatt und die Passagiere konnten am oberen Ende nicht in Fahrtrichtung die Rolltreppe verlassen. Stattdessen mussten sie seitwärts vom Band steigen.

Eine der ersten elektrischen Fahrtreppen 1901 bestand aus einem Band aus Holzstäben, auf dem sich die Damen gut festhalten mussten.

Der erste Einsatz

In Europa hatte das Kaufhaus Harrods zwar schon 1898 eine Rolltreppe installiert, doch ähnelte diese eher einem Förderband als einer Treppe, die sich bewegen konnte. Im selben Jahr wurden Renos schräge Aufzüge im Kaufhaus

der Bloomingdale Bros. in der Third Avenue in New York installiert – Lyman Bloomingdale war ein wichtiger Geldgeber Renos gewesen. Auch in den U-Bahn-Stationen, die zu dieser Zeit in vielen europäischen Großstädten und in New York gebaut wurden, fand die Erfindung schnell Verwendung. Die erste Rolltreppe Deutschlands wurde 1925 im Kaufhaus Tietz in Berlin in Betrieb genommen. Die fahrenden Treppen sind zwar langsamer als Aufzüge, können aber zur gleichen Zeit erheblich mehr Personen befördern. Gerade an Orten mit hohem Publikumsaufkommen wie Bahnhöfen oder Kaufhäusern sind sie daher sehr nützlich.

Der Aufzug: senkrecht in die Höhe

Schon früh wurden kleine Aufzüge verwendet, um Speisen aus der Küche in den Speisesaal oder Waren aus Schiffen in die Lagerräume zu befördern, doch für Personen waren diese Modelle noch nicht geeignet. Dies änderte sich erst 1853, als der Amerikaner Elisha Graves Otis den ersten absturzsicheren Personenaufzug erfand. Skeptikern bewies Otis in einer eindrucksvollen Vorführung auf der Weltausstellung in London 1854, dass seine Erfindung wirklich funktionierte: Er bestieg einen Aufzug und ließ dann von seinem Assistenten das Tragseil durchschneiden. Der Aufzug stürzte nicht etwa ungebremst in die Tiefe, sondern bremste sich selbst ab.

Nicht mit den Anfängen zu vergleichen: moderne Aufzüge aus Glas in einem Einkaufszentrum

Mit der Erfindung des Aufzugs stand dem Bauboom in New York nichts mehr im Wege: Nun konnte fast unendlich in die Höhe gebaut werden, denn mit einem Fahrstuhl wurden auch weiter oben liegende Etagen bequem erreicht. Der erste hydraulische Aufzug wurde 1867 auf der Weltausstellung in Paris präsentiert, und von da an trat der Fahrstuhl seinen Siegeszug auch in Europa an. 1880 stellte Werner von Siemens in Mannheim den ersten elektrischen Aufzug vor. Verwendung fand der Fahrstuhl nicht nur in Hochhäusern und Wolkenkratzern, sondern auch in Warenhäusern, wo er Kunden und ihre Einkäufe schnell von einem Stockwerk ins nächste befördert.[7]

Die Kunden von Lord & Taylor konnten bereits 1870 mit einem der ersten Aufzüge in die einzelnen Etagen befördert werden.

[7] Der längste Aufzug der Welt befindet sich heute im Gebäude Burj Khalifa in Dubai: Er fährt 504 Meter in die Höhe und legt dabei zehn Meter pro Sekunde zurück.

Bergdorf Goodman – der Inbegriff des Luxus

Made in Europe in den USA

Mutter, das Einzige, was du mir je über den Sabbat beigebracht hast, ist, dass es bei Bergdorf dann nicht so voll ist.

Barbra Streisand im Film „Liebe hat zwei Gesichter“ (1996)

DAS LUXURIÖSESTE KAUFHAUS der Stadt New York – und das Mekka aller „Sex and the City“-Fans – ist Bergdorf Goodman an der Fifth Avenue. Wie kein anderes Kaufhaus steht es für Eleganz, Luxus und exzellenten Service.

Eine kurze, aber erfolgreiche Partnerschaft

Seinen Ursprung hat dieses amerikanische Traditionskaufhaus im Elsass, denn von dort stammte sein Gründer Herman Bergdorf. Er eröffnete 1899 eine Schneiderei ganz in der Nähe des Union Square – und er hatte einen Lehrling mit einem hervorragenden Geschäftssinn: Edwin Goodman, ein junger Mann aus New York State, sparte in zwei Jahren genug Geld zusammen, um einen Anteil am Geschäft seines Chefs zu kaufen. 1901 wurde der Laden daher nach seinen beiden Besitzern „Bergdorf Goodman“ genannt. 1906 zog er an die 32. Straße, ganz in der Nähe der beliebten Ladies’ Mile, um – und zwar gegen den Willen von Herman Bergdorf, der lieber in der ruhigeren Nebenstraße geblieben wäre. Doch Goodman setzte sich durch und kaufte Bergdorf seinen Anteil am Geschäft ab. Bergdorf zog sich daraufhin nach Paris zurück und Goodman führte das Geschäft allein weiter. Obwohl die Partnerschaft der Herren Bergdorf und Goodman nur fünf Jahre währte, trägt das Kaufhaus bis heute die Namen beider Gründer.

Die Weihnachtsdekoration im Schaufenster von Bergdorf Goodman hat im Dezember 2009 das Motto „Eine Sammlung von Kuriositäten“ und ist inspiriert von Alice im Wunderland.

Bei Bergdorf Goodman haben die Kleider, wie ein Pressesprecher sagt, keine Andeutung an eine pflichtvergessene Königin, der es beliebt, Milchmädchen zu spielen; sie sind ganz klar für die Dame entworfen, die anmutig dem Ansehen ihrer Rolle in der Welt gerecht wird.

Captain Hyman Goldberg in der Zeitschrift „Yank, the Army Weekly“, 1945

Mode von der Stange

Goodmans Geschäfte als Schneider liefen gut, doch er wollte noch mehr und zog mit seinem Geschäft erneut um. An der Fifth Avenue, dort wo heute das Rockefeller Center steht, ließ er ein fünfstöckiges Gebäude errichten. Dort verkaufte er als erster Modeschöpfer Kleidung von der Stange, die in Standardgrößen und im fertigen Zustand in seinem Geschäft hing und einfach anprobiert und gekauft werden durfte. So wurden auch andere Modeschöpfer in Frankreich und den USA auf Bergdorf Goodman aufmerksam und boten Goodman ihre Waren zum Verkauf an.

1928 stand dann ein erneuter Umzug auf dem Programm: Bergdorf Goodman zog an seinen heutigen Standort Ecke Fifth Avenue/58. Straße. Doch Goodman war sich nicht sicher, ob seine Kundinnen diesen Umzug mitmachen würden. Deshalb entwarf er sein neues Gebäude so, dass man es in verschiedene einzelne Geschäfte aufteilen konnte, die alle ihre eigene Ladenfront hatten, um es unkompliziert untervermieten zu können, falls die Kundinnen ihn im Stich ließen. Am Anfang musste er tatsächlich einige Untermieter aufnehmen, doch in der Weltwirtschaftskrise begann sein Geschäft – zur Überraschung aller – zu florieren. Goodman füllte nicht nur sein eigenes Gebäude komplett aus, sondern erwarb auch die umliegenden Geschäfte, bis ihm schließlich der ganze Häuserblock gehörte. Er hätte nun leicht auch andere Filialen eröffnen können, wollte sich jedoch ganz auf sein Haupthaus konzentrieren und die Qualität seiner Waren und seines Services im Auge behalten. Dieser Gedanke hat sich festgesetzt: Bis heute ist es bei diesem einzigen Haus geblieben.

„Sex and the City“

Das Luxuskaufhaus wird in zahlreichen Kinofilmen und TV-Serien erwähnt. So kauft zum Beispiel Carrie Bradshaw, gespielt von Sarah Jessica Parker, in der TV-Serie „Sex and the City“ liebend gern bei Bergdorf Goodman ein. Am Beginn des zweiten Kinofilms „Sex and the City 2“ treffen sich die vier Freundinnen am Eingang des Geschäfts, um Hochzeitsgeschenke zu kaufen. Bergdorf Goodman zeigte sich erkenntlich: Zur Premiere des Kinofilms am 27. Mai 2010 dekorierte das Kaufhaus seine Schaufenster mit Schaufensterpuppen, die den vier Hauptdarstellerinnen ähnelten und die neuesten Designerlabels trugen. Und natürlich waren in den Fenstern Schuhe, Schuhe und noch mal Schuhe zu sehen.

Lange in Familienbesitz

Nach Edwin Goodmans Tod im Jahre 1953 übernahm dessen Sohn Andrew die Geschäftsführung und erweiterte das Geschäftsfeld des Modehauses. Unter anderem nahm er Pelze ins Sortiment auf, ließ das Parfüm „Number Nine“ herstellen und führte „Miss Bergdorf“, eine Modelinie für junge Kundinnen, ein. 1959 und 1967 musste das Geschäft erweitert werden und hatte nun eine Verkaufsfläche von 11.000 Quadratmetern. Lange Zeit war Bergdorf Goodman das einzige große Luxuswarengeschäft, das zu keinem Konzern gehörte. Doch da es nach wie vor keine Filialen unterhielt, erzielte es nur relativ bescheidene Gewinne. 1972 trennte sich Andrew Goodman – der sich bereits 1953 aus der Geschäftsführung zurückgezogen hatte – vom wirtschaftlichen Vermächtnis seines Vaters und

verkaufte Bergdorf Goodman für 12,5 Millionen Dollar an den Konzern Carter Hawley Hale Stores, dem bereits die Kette Neiman Marcus gehörte. Heute gehört die New Yorker Legende den beiden Beteiligungsunternehmen Texas Pacific Group und Warburg Pincus.

Das legendäre Bergdorf Goodman hat vor allem durch den Film „Sex and the City" weltweit Ruhm erlangt.

Zwei Häuser direkt gegenüber

In den Jahren nach dem Verkauf erweiterte Bergdorf Goodman erneut sein Sortiment. Im siebten Stock sind nun auch Antiquitäten, Porzellan, Kristallwaren, Bettwäsche, Schreibwaren und Köstlichkeiten aus aller Welt erhältlich. Kerngeschäft blieb jedoch nach wie vor die Mode. Vor allem die Damenabteilung wurde einige Male erweitert und das Haus drohte aus allen Nähten zu platzen. Deshalb zog 1990 die Herrenabteilung auf die andere Straßenseite und liegt nun direkt gegenüber. 1997 wurde die Penthouse-Wohnung im neunten Stock des Gebäudes, in der die Familie Goodman lange Zeit gelebt hatte, zu einem Friseur- und Kosmetiksalon umgebaut. Heute unterhalten Designer wie Chanel, Gucci oder Yves Saint Laurent eigene Boutiquen innerhalb des Modehauses.

Eines musst du dir merken: Ein Mann, den du an der Wursttheke triffst, ist vermutlich nicht so attraktiv wie einer in der Nerzabteilung bei Bergdorf Goodman.

Lauren Bacall im Film
„Wie angelt man sich einen Millionär?" (1953)

Von der Reklame zur Werbung

In die zweite Hälfte des 19. Jahrhunderts fällt nicht nur die Geburtsstunde der Warenhäuser, sondern in diesem Zeitraum setzte sich auch die Werbung als Mittel zur Kundengewinnung durch.

Der Buchdruck als wichtige Voraussetzung

Bevor Papier bedruckt werden konnte, gab es Werbung nur in mündlicher Form: Ausrufer oder Marktschreier taten Sonderangebote oder Einkaufsmöglichkeiten kund – wer gerade nicht in der Nähe war, bekam leider nichts mit. Nach der Erfindung des Buchdrucks dauerte es nicht lang, bis Kaufleute die neue Technik für sich entdeckten und sie ganz gezielt dafür nutzten, ihr Geschäft und ihre Waren anzupreisen. Das älteste Werbemittel ist die Anzeige, die seit 1660 zunächst für Bücher, wenig später für Heil- und Arzneimittel und schließlich auch für Papier, Tabak und Wein genutzt wurde. Ab dem 18. Jahrhundert wurde zusätzlich mit Plakaten geworben.

Eine neue Konsumentenschicht will auch neue Werbung

Als ab dem 19. Jahrhundert der Einfluss des Bürgertums stieg, erkannten die Geschäftsleute, dass da eine neue Zielgruppe für sie heranwuchs, und diese wollten sie natürlich auch erreichen. 1841 wurde in Philadelphia die erste Werbeagentur namens „V. A. Palmer“ gegründet und die Werbung begann ihren Siegeszug als Mittel, um Kunden zu gewinnen und sich von der Konkurrenz abzuheben. Ab den 1860er-Jahren wurden auch Bekleidung, Genussmittel sowie Schiffs- und Bahnreisen beworben, und zwar in Zeitungen, Zeitschriften und auf Plakaten, zum Beispiel in der Eisenbahn. Ab 1871 kam der Zeitungstyp des „Generalanzeigers“ auf, der im Wesentlichen auf Anzeigen beruhte.

Die Werbung weckt Bedürfnisse

Etwa ab 1890 ging es dann nicht mehr nur darum, einen vorhandenen Bedarf zu stillen, sondern einen solchen Bedarf überhaupt erst zu erzeugen. So weckten die Warenhäuser, vor allem mit ihrem Versandgeschäft, das Bedürfnis, sich auch in der Provinz so schick und großstädtisch-modern wie nur möglich zu kleiden. Noch immer war die Zeitung das wichtigste Werbemedium, doch in den Städten kamen noch die Schaufenster der Warenhäuser dazu. Bald wurde sogar in Filmtheatern Werbung gezeigt, zunächst noch in der Form einer Diashow, später dann auch als Werbefilm.

Von der Ästhetik zur Psychologie

Schon früh ging es in der Werbung nicht nur darum, Informationen über ein Produkt zu vermitteln, sondern es gekonnt zu inszenieren und so beim Kunden den Wunsch auszulösen: „Das muss ich haben!“ Um die Jahrhundertwende wurde Werbung noch hauptsächlich als Kunst gesehen, die Plakatgrafiken waren oft sehr künstlerisch. Ab 1906 beschäftigten sich die Werber dann auch mit den psychologischen Aspekten der Werbung: Wie verleitet man Menschen dazu, ein Produkt zu kaufen? Wie spricht man Zielgruppen am besten an? Das Kaufhaus von Leonhard Tietz in Köln war zum Beispiel bei den „kleinen Leuten“ sehr beliebt, denn sie wussten, dass man dort preiswert einkaufen konnte. Doch ab 1913 wollte Tietz auch die gehobene Mittelschicht ansprechen und als Kunden gewinnen und stellte dazu den Werbeexperten Hanns F. J. Kropff als Werbeleiter ein. „Qualität und Schönheit“, so lautete der Slogan, der neue Käuferschichten in die Tietz’schen Warenhäuser locken sollte – und damit auch erfolgreich war.

Heute setzen die Warenhäuser auf eine Multi-Channel-Strategie, um ihre Produkte zu verkaufen. Noch immer hat die gute alte Zeitungsanzeige oder -beilage nicht ausgedient und soll die Kunden in das Kaufhaus locken. Dazu kommt TV- oder Plakatwerbung, um das Image des Warenhauses aufzubauen. Und natürlich darf das Internet nicht fehlen: Mithilfe von Newslettern werden auch hier Kunden auf aktuelle Angebote aufmerksam gemacht, die sie dann unkompliziert auf der Internetseite des Hauses kaufen können.

Woolworth-Werbung an einem Schaufenster der Ladenkette

Neue Entwicklungen im Marketing

Nordamerika holt auf

Die Hälfte des Geldes, das ich für Werbung ausgebe, ist verschwendet. Das Problem ist, ich weiß nicht, welche Hälfte.

John Wanamaker

AUCH IN DEN USA sprossen also ab der zweiten Hälfte des 19. Jahrhunderts zahlreiche Warenhäuser nach Pariser Vorbild aus dem Boden. Doch die Amerikaner ahmten nicht einfach nur nach, was da über den großen Teich schwappte, sondern fügten den Warenhäusern ihre eigene Note hinzu. Schon damals waren sie sehr geschickt in der Vermarktung ihrer Produkte und setzten mit Werbung oder Versandkatalogen neue Akzente – die dann wiederum von den Europäern kopiert wurden.

Philadelphias John Wanamaker und die Erfindung der Werbung

John Wanamaker (1838–1922) gilt als „Vater der modernen Werbung" und eröffnete 1861 seinen ersten Laden in Philadelphia, in dem er von Anfang an auf feste Preise setzte und seinen Kunden ein großzügiges Umtauschrecht gewährte. Sein später in „Wanamaker's" umbenanntes Geschäft war das erste Kaufhaus Philadelphias. 1896 übernahm er den Iron Palace von Alexander Turney Stewart in New York und eröffnete dort eine Filiale. Auch ins Ausland, nämlich nach Paris und London, expandierte er und eröffnete dort seine „European Houses of Wanamaker".

Guerillataktik

Schon früh erkannte Wanamaker, welche Rolle die Werbung für sein Geschäft spielte, und setzte sie immer wieder gewinnbringend für sich ein. Am Eröffnungstag seines ersten Geschäfts im Jahre 1861 nahm er ganze 38 Dollar ein, investierte diese jedoch sofort wieder in eine Zeitungsanzeige am folgenden Tag. Eines Morgens war ganz Philadelphia mit Plakaten im Format 20 × 20 Zentimeter

Das Geschäft von John Wanamaker in Philadelphia ziert die größte spielbare Orgel der Welt, die er 1909 erwarb und mehrfach erweitern ließ.

Ihren Anfang nahm die Laufbahn von John Wanamaker in einem kleinen Laden in Philadelphia.

zugepflastert, auf denen lediglich „W&B" zu lesen war. Die ganze Stadt rätselte, was das zu bedeuten hatte, bis das Geheimnis dann einige Tage später gelüftet wurde: Ein Laden namens „Wanamaker & Brown" hatte eröffnet. Solche Guerilla-Marketing-Aktionen sind heute gang und gäbe, doch im 19. Jahrhundert waren sie ganz und gar unkonventionell. Auch großformatige Werbeplakate und -aufschriften setzte John Wanamaker als einer der Ersten ein. Und er ersann immer wieder aufwendige Werbeaktionen. So ließ er eines Tages fast fünf Meter große Luftballons aufsteigen und versprach allen Kunden, die ihm einen Ballon zurückbrachten, einen kostenlosen Anzug.

» *Ein Mann, der noch nie ein Pferd gesehen hat, kann kein Pferd lenken. Nein, ein Mann braucht eine Ausbildung, er muss wissen, wie man kauft und verkauft. Das lehrt einen nur die Erfahrung.* «

John Wanamaker

Auch in der Printwerbung setzte Wanamaker neue Standards: Er erkannte als Erster, dass ein Bild oft mehr als tausend Worte sagt, und setzte in seinen Anzeigen nicht nur knackige Texte, sondern auch Illustrationen ein, die von so hoher Qualität waren, dass sie sogar von Kunstakademien als Vorlagen verwendet wurden.

Chicagos Marshall Field und die Magnificent Mile

Chicago, die drittgrößte Stadt der USA, wollte natürlich ebenfalls etwas vom Warenhauskuchen abhaben. Hier war es Marshall Field, der die neuen Verkaufskonzepte umsetzte und ins Warenhausgeschäft einstieg, zunächst als Partner in verschiedenen Unternehmen. Dabei hatte er großen Erfolg und sein Warenhaus Field, Leiter & Co. konnte bald in ein sechsstöckiges Gebäude an der Kreuzung zwischen State und Washington Street umziehen. Wegen seiner teuren Marmorfassade wurde das Gebäude ebenfalls „Marble Palace“ (Marmorpalast) genannt.

Doch am 8. Oktober 1871 wurde Chicago von einem Großbrand verwüstet, dem auch Marshall Fields Geschäft zum Opfer fiel. Seine Angestellten arbeiteten die ganze Nacht, um möglichst viele der kostbaren Waren zu retten und den Schaden am Gebäude in Grenzen zu halten, doch sie konnten das Schlimmste nicht verhindern: Das Gebäude brannte bis auf die Grundmauern nieder. Nach dem Wiederaufbau firmierte das Geschäft als Marshall Field & Co. 1887 wurde Harry Gordon Selfridge Geschäftsführer des Warenhauses und wandelte es zu einem modernen Kaufhaus. 1902 eröffnete das gigantische zwölfstöckige Gebäude mit seinem prächtigen Eingang an der State Street.

„Marshall Field“ lag mitten im Loop, dem Geschäftsviertel von Chicago. Dort befanden sich zu dieser Zeit die meisten Geschäfte. Straßen- und Hochbahnen fuhren die State Street entlang und brachten zahlreiche Passanten in die Einkaufsstraße, auch in das Warenhaus von Marshall Field. Doch ab den 1920er-Jahren siedelten sich auch in den Vorstädten Läden an und die Geschäfte im Loop gingen zurück.

Das Richtige tun, zur rechten Zeit, auf die richtige Weise; einige Dinge besser machen, als sie je gemacht wurden; Fehler beheben; beide Seiten der Medaille kennen; höflich sein; ein Vorbild sein; aus Liebe zum Beruf arbeiten; Bedürfnisse vorausahnen; gegebene Mittel weiterentwickeln; sich von Hindernissen nicht abbringen lassen; die Umstände beherrschen; nach dem Verstand, nicht nach Regeln handeln; sich mit nichts anderem zufriedengeben als der Perfektion.

Marshall Field

Hilfe kam in Form der Magnificent Mile, der nördlichen Hälfte der Michigan Avenue zwischen dem Chicago River und dem Lake Shore Drive. Die Prachtmeile war Teil eines städtebaulichen Plans von Stararchitekt und Stadtplaner Daniel Burnham und machte aus der Wohnstraße eine Einkaufs- und Flanierstraße, wie sie ihresgleichen suchte. Gesäumt wird die Magnificent Mile von zahlreichen Wolkenkratzern und Luxusgeschäften wie Bloomingdale's, Saks Fifth Avenue, Tiffany & Co. oder Chanel; sie verbindet das Geschäftszentrum Loop mit der Gold Coast von Chicago. Auch Marshall Field – seit 2005 allerdings im Besitz von Macy's Inc. – besitzt hier eine Filiale.

Sears und sein „Wishbook"

Viele Kaufhäuser begannen als kleine Geschäfte, die nach und nach wuchsen. Das Gebäude wurde erweitert, neue Filialen kamen dazu – und wer sich noch keine Filialen in anderen Teilen des Landes leisten konnte, versandte seine Waren eben per Post dorthin. Ein Kaufhaus ging jedoch den umgekehrten Weg: Es begann als Versandgeschäft und eröffnete erst später „richtige" Läden. Die Rede ist von Sears, eigentlich „Sears, Roebuck and Co.".

ALLES WIRD RECYCELT

Nichts ist so alt wie die Zeitung von gestern – oder der Sears-Katalog des Vorjahres. Doch das kostbare Papier wurde von der Landbevölkerung nicht einfach weggeworfen: In einer Zeit, in der Toilettenpapier noch nicht überall erhältlich war, bekam der Sears-Katalog oft noch einen weiteren Nutzen. So wurde „Sears Wishbook" zu einem Euphemismus für Toilettenpapier.

Die Idee zu diesem Versandgeschäft kam dem Gründer Richard Warren Sears (1863–1914) eigentlich durch einen Zufall: Er arbeitete an einem Bahnhof in Minnesota und eines Tages landete eine Ladung Uhren aus Chicago bei ihm, die der örtliche Juwelier nicht wollte. Sears kaufte sie ihm ab und verkaufte sie zuerst an Bekannte, dann über einen Katalog auch an weiter entfernt lebende Kunden. Bald darauf zog Sears nach Chicago und traf dort immer wieder Farmer, die ihr Getreide in die Stadt brachten, um es dort zu verkaufen. Sie erzählten ihm von ihren Schwierigkeiten, bestimmte Waren und Produkte in der Provinz aufzutreiben, und Sears – der in Alvah C. Roebuck inzwischen einen Geschäftspartner gefunden hat-

Arbeit auf Hochtouren: die Etikettierungsabteilung im Merchandise Building von Sears in Chicago, von dem aus die Waren verschickt werden

te – hatte eine Idee: Er wollte einen Katalog veröffentlichen, in dem Produkte zu festen Preisen angeboten wurden. Diese konnten sich die Damen in der Provinz dann bestellen und nach Hause liefern lassen. 1888 erschien der erste Katalog, sechs Jahre später umfasste er bereits 322 Seiten, auf denen unter anderem Nähmaschinen, Fahrräder, Sportgeräte und Autos angeboten wurden.

Die legendären Weihnachtskataloge von Sears weckten durch das riesige Angebot an Spielzeug vor allem die Wünsche der kleinen Kunden.

Die Kunden waren zufrieden: Die Qualität der Produkte gefiel ihnen und auch der Service funktionierte hervorragend. 1895 umfasste der Katalog 532 Seiten und bot eine Fülle an Waren, wie man sie sonst nur selten fand. Schon bald wurde er als „Bibel der Konsumenten" bezeichnet. 1933 erschien zum ersten Mal der Weihnachtskatalog „Sears Wishbook", der sich auf Spielzeug und andere Weihnachtsgeschenke konzentrierte.

1925 eröffnete in Chicago das erste Sears-Geschäft, weitere Filialen folgten. Eine Zeit lang war Sears das größte Einzelhandelsunternehmen der USA, doch seit das Unternehmen 2004 mit der Warenhauskette Kmart verschmolz, gehen seine Marktanteile zurück. Das gute alte Kataloggeschäft hat sich mittlerweile auf das Internet verlagert. Auf der Website www.sears.com finden Kunden alles, was sie brauchen. Geliefert wird nicht nur bis in den letzten Winkel der USA, sondern auch in 90 andere Länder in der ganzen Welt.

Höher, grösser, weiter

1974 schrieb Sears Geschichte: Der Sears Tower in Chicago wurde fertiggestellt und war mit seinen 108 Stockwerken und einer Höhe von 442 Metern das höchste Gebäude der Welt. International wurde der Sears Tower zwar überholt, doch in den USA ist er noch immer einsame Spitze. Geändert hat sich allerdings sein Name: Da die Namensrechte von Sears ausliefen, heißt der Wolkenkratzer heute „Willis Tower".

Neiman Marcus, Lord & Taylor, Saks und Henri Bendel

Noch mehr Luxus

„[Bei Neiman Marcus] ist seit 1907 Samt, Seide und guter Geschmack käuflich. Neiman Marcus gehört zu Dallas wie das Öl. Die Ladies von Dallas hören blindlings auf das Modeorakel dieses Hauses. Neiman's ist in Texas der Modeschrein schlechthin: Es ist mehr als ein Einkaufsparadies, es ist eine Institution. Eine Jacke oder Kleid mit dem Etikett Neiman Marcus kann einfach nicht unpassend sein."

Cornelia Heins, *Ladies von Dallas. Reich, blond und exzentrisch*

AM OBEREN ENDE DES PREISSPEKTRUMS konkurrieren in den USA gleich mehrere Warenhausketten. Anders als in Deutschland, wo Warenhäuser die Einkaufswelt demokratisierten und von Anfang an auf Käufer in der Mittelschicht setzten, schafften es Ketten wie Neiman Marcus oder Saks Fifth Avenue, ein zahlungskräftiges Publikum anzuziehen und zu halten.

Neiman Marcus: Auch in Texas schätzt man den Luxus

Bis Anfang des 20. Jahrhunderts wurden alle bedeutenden Warenhäuser der USA in New York, dem wirtschaftlichen, gesellschaftlichen und kulturellen Zentrum der Vereinigten Staaten, gegründet. Doch 1907 trat ein neues Warenhaus auf den Plan – und zwar ausgerechnet in Texas, dem Bundesstaat, der auch heute noch wie kein anderer für den „Wilden Westen" steht. Sein Gründer Herbert Marcus Sr. (1878–1950) war ursprünglich Einkäufer bei einem Kaufhaus in Dallas, bevor er dann mit seiner Schwester Carrie Marcus Neiman und deren Mann A. L. Neiman nach Atlanta, Georgia, ging und dort eine Werbeagentur gründete. Dieses Unternehmen brachte ihnen ein Vermögen von 25.000 Dollar ein und das Trio sah sich mit zwei Investitionsmöglichkeiten konfrontiert: Da ihnen das Geschäft mit einer zuckerhaltigen Limonade zu riskant erschien, erteilten sie Coca-Cola eine Absage und kehrten nach Dallas zurück, um ein Einzelhandelsunternehmen zu gründen.

Die Glaskuppel im Restaurant von Neiman Marcus in San Francisco bietet seinen Gästen eine beeindruckende Kulisse.

1907 öffnete Neiman Marcus seine Türen und bot Kleidung in einer Qualität an, wie man sie in Texas bis dahin noch nicht finden konnte. Dies wussten vor allem die Frauen derjenigen Texaner zu schätzen, die mit Öl großen Reichtum erwirtschaftet hatten – endlich konnten auch sie sich nach der neuesten Mode aus New York, Paris & Co. kleiden. 1914 zog das Kaufhaus an seinen heutigen Standort an der Kreuzung von Main Street und Ervay Street und erweiterte sein Sortiment um Accessoires, Wäsche und Kinderkleidung. Ab 1929 wurde auch Herrenbekleidung verkauft.

Mein ganzes Leben lang habe ich von einem perfekten Geschäft für Frauen geträumt. Dann sah ich Neiman Marcus und mein Traum wurde wahr.

Edna Woolman Chase, Chefredakteurin der „Vogue", in der Zeitschrift „Commentary", 1957

Nicht nur zur Weihnachtszeit

Ab 1957 eröffnete Neiman Marcus Filialen, zunächst in Texas, seit 1971 auch in anderen Bundesstaaten der USA. Heute ist Neiman Marcus in 21 Bundesstaaten zu finden. In den letzten 20 Jahren wechselte die Kaufhauskette mehrmals ihren Besitzer. Heute gehört sie, wie auch Bergdorf Goodman, zwei Beteiligungsunternehmen: der Texas Pacific Group und Warburg Pincus. Besonders berühmt ist das Kaufhaus für seinen Weihnachtskatalog, der seit 1939 erscheint. Jedes Jahr finden sich darin auch ungewöhnliche und extravagante Geschenkideen, oft unterteilt in „Geschenke für Sie" und „Geschenke für Ihn". Zusätzlich zu diesen außergewöhnlichen Geschenken bietet das Luxuskaufhaus in seinen Weihnachtskatalogen häufig Autos an, die in beschränkter Stückzahl exklusiv für Neiman Marcus angefertigt werden. Darunter waren zum Beispiel ein BMW Z3 James Bond Edition, ein Audi TT, ein Aston Martin DB7 und ein Chevrolet Camaro Cabrio in einem exklusiven dunklen Bordeaux. Auch in vielen Fernsehserien und Kinofilmen wird Neiman Marcus erwähnt und soll dabei meist nur eines vermitteln: dass eine Filmfigur sehr viel Geld hat.

Berühmte Weihnachtsgeschenke bei Neiman Marcus

- Heißluftballons (1964): $ 6850
- Goldener Toilettensitz, 24 Karat (1965): $250
- Original-Briefe von George und Martha Washington (1975): $ 8500
- Monopoly-Spiel aus Vollmilchschokolade (1978): $ 600
- Luftschiff (1979): $ 50.000
- Gemälde-Reihe „The Athlete's Series" von Andy Warhol (2002): $ 3.000.000
- Privatkonzert mit Elton John (2005): $ 1.500.000
- Lebensgroße Lego-Figuren des Kundenpaares (2008): $ 60.000

Lord & Taylor: traditionelles Modehaus

Die Geschichte von Lord & Taylor (auch „L&T" oder „LT" genannt) reicht bis ins Jahr 1826 zurück. Damals gründete Samuel Lord, ein englischer Einwanderer, zusammen mit George Washington Taylor, dem Cousin seiner

Frau, einen Laden in der Catherine Street in Manhattan, um Strumpfwaren, Damenbekleidung und „elegante Kaschmir-Umhänge" zu verkaufen. Ab 1870 war das Geschäft dann an der Ladies' Mile zu finden und zog 1914 an die Fifth Avenue um, wo es auch heute noch steht. Das Gebäude zwischen der 38. und 39. Straße wurde vom Architekturbüro Starrett & van Vleck entworfen, das später auch für ein Haus von Bloomingdale's verantwortlich war.

Die Weihnachtszeit hat bei Lord & Taylor einen besonderen Stellenwert. Zu dieser Zeit putzt sich das Kaufhaus innen und außen besonders heraus.

Die Leute wollen einkaufen; das liegt uns in den Genen. Wir sind eine soziale Spezies. Seit den Tagen als Jäger und Sammler mussten wir uns mit anderen umgeben. Daher ist der Markt nicht nur ein Ort, um Waren gegen Geld einzutauschen. Er ist auch ein Ort, um zu sehen und gesehen zu werden.

Paco Underhill in der „New York Times", 2002

Wandel der Marke

Als erstes Geschäft beeindruckte Lord & Taylor seine Kunden und Kundinnen mit speziellen Weihnachtsschaufenstern; er erkannte früh, wie man das Familienfest kommerziell nutzen kann. In den 1980er- und 1990er-Jahren verlief die Geschichte des exklusiven Warenhauses sehr turbulent: Erst wurde kräftig in andere Städte expandiert – zeitweise unterhielt Lord & Taylor 86 Filialen im ganzen Land –, doch dann musste die Geschäftsführung erkennen, dass die Menschen nicht überall bereit waren, die hohen Preise zu bezahlen. Den Status als führendes Modekaufhaus, den sich Lord & Taylor in den Jahren nach dem Zweiten Weltkrieg erarbeitet hatte, musste es Konkurrenten wie Saks Fifth Avenue, Bloomingdale's oder Neiman Marcus überlassen. Heute gehört die Warenhauskette der Investmentfirma NRDC Equity Partners und spricht wieder gezielt ein zahlungskräftigeres Publikum an. So wurden neue, gehobene Modemarken wie Escada, Marc Jacobs und Juicy Couture ins Sortiment aufgenommen. Außerdem führte Lord & Taylor fünf eigene Modelinien ein und richtete eine Abteilung für Einrichtungsgegenstände von Teppichen über Glas und Porzellan bis hin zu Möbeln ein. Mit dieser Strategie war das Warenhaus offenbar erfolgreich, denn es plant, weitere Filialen zu eröffnen.

Absolut nichts für den Massenmarkt und die Laufkundschaft sind die Läden von Saks Fifth Avenue. Die exklusive Stellung pflegt man in diesem Unternehmen auf besondere Weise.

Saks Fifth Avenue: eine der ersten Einkaufsadressen in New York

Stil, Eleganz und tadelloser Service – das erwarten die New Yorker von Saks Fifth Avenue, einem der besten Kaufhäuser der Stadt. Spezialisiert hat sich das Luxusmodehaus auf Designermode für Damen, Herren und Kinder. [8]

Gegründet wurde es 1867 von Andrew Saks und firmierte ab 1902 als „Saks & Company". Nach dem Tod des Firmengründers übernahm sein Sohn Horace die Unternehmensnachfolge und legte 1923 das Kaufhaus mit dem Konkurrenten Gimbel Brothers Inc. zusammen. Horace Saks und Bernard Gimbel träumten von einem einzigartigen Spezialgeschäft, das ein Synonym für Mode werden würde. Am 15. September 1924 war es dann so weit: Saks und Gimbel eröffneten „Saks Fifth Avenue" – natürlich an der Fifth Avenue zwischen der 49. und 50. Straße gelegen, in einer Gegend, die damals größtenteils Wohngebiet war. Das Sortiment bestand aus Damen- und Herrenbekleidung von höchster Qualität und wurde von einem umfassenden Angebot an Dienstleistungen ergänzt.

Nach dem plötzlichen Tod von Horace Saks 1926 übernahm Gimbels Cousin Adam Gimbel die Geschäftsführung. Erst 30 Jahre alt, zeichnete er maßgeblich für den Erfolg des Modehauses verantwortlich. So unternahm er immer wieder Reisen in alle Welt, um seinen Kunden anschließend neue und außergewöhnliche Produkte und Kreationen präsentieren zu können.

[8] Das Unternehmen gehört heute der Gesellschaft Saks Incorporated, hat über 46 Filialen in 22 US-Bundesstaaten und beschäftigt rund 15.000 Mitarbeiter.

Schon früh expandierte das Modehaus auch in andere amerikanische Städte. Doch im neuen Jahrtausend veränderte Saks Fifth Avenue seine Strategie: Statt auf möglichst viele Filialen setzte das Modehaus nun darauf, an wichtigen Orten nur noch eine einzige Filiale zu unterhalten, zu der die Kunden dann auch gern von weither anreisten. Nur international wurde expandiert, und zwar in den noch wenig erschlossenen Luxusmärkten von Saudi-Arabien und den Vereinigten Arabischen Emiraten. Auch eine Zweigstelle in Kasachstan ist in Planung.

Henri Bendel: Was Frauenherzen höher schlagen lässt …

Mode sagt: ‚Ich auch', Eleganz sagt: ‚Ich allein.'

Geraldine Stutz, langjährige Geschäftsführerin bei Henri Bendel, auf die Frage nach dem Unterschied zwischen Mode und Eleganz

Schuhe, Handtaschen und Schmuck – Henri Bendel ist ein wahres Paradies für Damen. Henri Willis Bendel (1868–1936) bewies schon früh ein Gespür dafür, was Frauen wirklich wollen. So war er seinerzeit der Erste, der Coco Chanels Kreationen aus Paris in die USA brachte und sie in seinem 1895 gegründeten Laden verkaufte. Auch heute noch gibt das Unternehmen zweimal jährlich aufstrebenden Jungdesignern die Chance, ihre Produkte den hausinternen Einkäufern vorzustellen und sich so einen Platz in einer Modenschau oder im Warenhaus selbst zu sichern.

Geänderte Strategie

Das Stammhaus von Henri Bendel befand sich lange in der 57. Straße, seit 1990 ist es unter der Adresse 712 Fifth Avenue zu finden. Mit einer Verkaufsfläche von rund 3300 Quadratmetern zählt Henri Bendel eher zu den kleineren Häusern, doch das Luxuskaufhaus hat es in sich. Die Artikel werden wie kostbare Kunstwerke präsentiert und die wunderschönen Lalique-Fenster sind eine Sehenswürdigkeit für sich.

Im April 2009 fällte das Unternehmen eine Entscheidung, die die gesamte Modewelt verblüffte: Henri Bendel verkaufte von nun an keine Bekleidung mehr, sondern konzentrierte sich ganz auf Accessoires, Kosmetik und Geschenkartikel wie zum Beispiel Kerzen. Und diese Strategie scheint aufzugehen: 2011 eröffnete Henri Bendel sieben neue Filialen zusätzlich zu den zwölf bereits vorhandenen.

Der Shop im Shop

In vielen Warenhäusern haben heute einzelne Designer oder Kosmetikhersteller eigene kleine Boutiquen, in denen sie ihre Produkte vertreiben. Dieses „Shop-in-Shop-Konzept" wurde bei Henri Bendel zum ersten Mal eingesetzt. Geraldine Stutz, von 1957 bis 1986 Geschäftsführerin bei Henri Bendel, erschuf die berühmte „Ladenstraße", die später überall Nachahmer fand.

Woolworth und die Demokratisierung des Einkaufens

Die Welt der kleinen Leute

Über ein Jahrhundert lang kauften die Amerikaner bei Woolworth's Five and Tens. Diese Läden waren so amerikanisch wie Apfelkuchen, Baseball und Gemälde von Norman Rockwell.

Jean Maddern Pitrone, *F. W. Woolworth and the American Five and Dime*

BÖSE ZUNGEN könnten behaupten, wir hätten es einem Amerikaner zu verdanken, dass unsere Innenstädte von Ein-Euro-Shops überflutet werden. Und tatsächlich: Frank Winfield Woolworth (1852–1919) schuf mit seinem nach ihm benannten Unternehmen – offiziell „F. W. Woolworth Company", allgemein jedoch als „Woolworths" oder „Woolworth" bekannt – einen der ersten sogenannten „Five-and-dime-Stores": ein Laden, in dem alles nur fünf oder zehn Cent (umgangssprachlich „dime") kostete. Woolworth war also das erste „Billigkaufhaus", hier konnten auch Leute mit wenig Geld einkaufen – endlich blieben die neuen Einkaufswelten der Warenhäuser auch den Geringverdienern nicht mehr verwehrt.

Startkapital: 300 Dollar

Frank Winfield Woolworth war der Sohn eines Farmers im Bundesstaat New York und hatte schon früh den Wunsch, Kaufmann zu werden. Mit 21 Jahren begann er, in einem Gemischtwarenladen in Watertown, New York, zu arbeiten, und kam dort mit einer Geschäftspraxis in Kontakt, die ihn nachhaltig beeindruckte: Nicht verkaufte Waren wurden auf einen Tisch gelegt und für fünf Cent verkauft. Diese Idee gefiel ihm und so nahm er im Jahr 1879 einen Kredit von 300 Dollar auf, um seinen Traum zu verwirklichen: Er wollte in Lancaster, Pennsylvania, einen Laden eröffnen und dort Alltagsgegenstände zu besonders günstigen Festpreisen verkaufen, oft nur für fünf oder zehn Cent. Um sich diese Preise leisten zu können, sparte er am Personal: Woolworth war eines der ersten Geschäfte, in denen sich die Kunden selbst bedienen konnten und nicht auf einen Verkäufer angewiesen waren. Außerdem kaufte Woolworth seine Waren

Das Gegenteil von luxuriös und teuer war von Beginn an das Motto von Woolworth.

F. W. WOOLWORTH

Ein Unternehmen expandiert rund um die Welt: Woolworth-Filialen im englischen Sussex um 1970 und in New Orleans um 1930.

direkt beim Hersteller und nicht bei Zwischenhändlern, wie es damals die gängige Praxis war, und konnte sie deshalb günstiger anbieten.

Das Geschäft wurde zum Erfolg und zusammen mit seinem Bruder Charles Sumner eröffnete Woolworth weitere Filialen – 1911 waren es bereits 586. 1910 gab Woolworth das Woolworth Building in New York in Auftrag, einen der ältesten – und schönsten – Wolkenkratzer der Stadt. Mit seinen 57 Stockwerken und einer Höhe von 241,40 Metern war es bis 1930 das höchste Gebäude der Welt und diente bis 1998 als Firmenhauptsitz. Die 13,5 Millionen Dollar für seinen Wolkenkratzer bezahlte Woolworth übrigens in bar – seine Geschäfte müssen also wirklich sehr gut gelaufen sein …

Auch privat ließ es sich der Unternehmer gut gehen: Auf Long Island errichtete er die 56-Zimmer-Villa Winfield Hall, deren Gartenanlagen so weitläufig waren, dass sich 70 Gärtner darum kümmern mussten. Allein die Marmortreppe soll zwei Millionen Dollar gekostet haben. Als Woolworth 1919 starb, hatte sein Billigkaufhaus über 1000 Filialen in den USA und sein Unternehmen war 65 Millionen Dollar (ca. 800 Millionen Dollar nach heutigem Stand) wert.

Zahlreiche Nachahmer

Woolworths Konzept, Waren möglichst billig anzubieten, war so erfolgreich, dass es oft kopiert wurde. Zahlreiche Nachahmer schossen aus dem Boden und waren bis in die 1970er-Jahre noch in so gut wie allen Einkaufszentren zu finden. Schon früh musste das Billigkaufhaus jedoch auch Kritik einstecken, denn die Einzelhändler konnten mit diesen unschlagbar günstigen Preisen nicht mithalten. Frank W. Woolworths Konzept funktionierte über

100 Jahre lang hervorragend und 1979 – im Jahr seines 100. Jubiläums – war Woolworth sogar die größte Warenhauskette der Welt.

Nach der Jahrtausendwende bekam jedoch auch Woolworth den Konkurrenzdruck zu spüren: Das Billigkaufhaus wurde von den großen Discountern überholt, die sich am Stadtrand ansiedelten und mit zahlreichen, meist kostenlosen Parkplätzen aufwarteten. Die Geschäftsführung hatte diese Entwicklung zwar vorausgesehen und bereits in den 1960er-Jahren eine eigene Discounter-Kette namens „Woolco" gegründet, doch konnte sich diese nicht behaupten. Angesichts sinkender Umsatzzahlen beschloss Woolworth, rund die Hälfte seiner über 800 amerikanischen Filialen zu schließen. Ende der 1990er-Jahre richtete das Unternehmen sein Geschäftsfeld neu aus und konzentrierte sich auf Sportbedarf. 2001 trennte es sich dann auch von seinem bewährten Namen und nannte sich von da an „Footlocker Inc.", nach der Ladenkette, in der es Sportschuhe und Sportbekleidung verkaufte.

Woolworth in Deutschland

Schon früh expandierte das amerikanische Unternehmen ins Ausland, darunter auch nach Deutschland. 1927 eröffnete die erste Woolworth-Filiale in Bremen und auch hier wurde das Konzept der öffentlichen Warenpräsentation umgesetzt. Die festen Preise betrugen damals 25 und 50 Pfennig. Auch hierzulande kam das Konzept gut an und die Zahl der Filialen wuchs. So finden sich bei Woolworth hauptsächlich Textilien, Haushaltsartikel, Schuhe, Lederwaren, Schreibwaren, Spielwaren und Süßigkeiten im unteren und mittleren Preissegment.

Der frühe Wunsch des Farmerjungen aus dem Staat New York, Kaufmann zu werden, sollte bald von großem Erfolg gekrönt sein. Seine Woolworth-Läden expandierten rund um die Welt.

Als die amerikanische Muttergesellschaft in den 1990er-Jahren ihr Konzept änderte, trennte sich die deutsche Tochtergesellschaft von ihr und gründete die „DWW Deutsche Woolworth GmbH & Co. OHG". In der Folge standen umfangreiche Modernisierungsmaßnahmen auf dem Programm. In einigen Städten wurden sogenannte Concept-Stores eröffnet, die nicht nur eine komplett neue Einrichtung bekamen, sondern auch mit den sogenannten „Marktplätzen" Sonderverkaufsflächen für Angebote und Werbeposten bereithielten. Den Umsatz konnten diese Maßnahmen allerdings leider nicht ankurbeln – zu groß war auch in Deutschland die Konkurrenz durch Discounter, Ein-Euro-Shops oder andere Billigkaufhäuser geworden. 2009 musste das Unternehmen – das damals immerhin noch 310 Filialen hatte – Insolvenz anmelden. Unter neuer Geschäftsführung eröffnete Woolworth am 1.12.2011 im Leipziger Merkurhaus das 200. Kaufhaus.

Designermode in der Prärie: Warenverkauf über Kataloge

Zum Einkaufsbummel in die nächste Stadt fahren – das war früher keine Selbstverständlichkeit, schon gar nicht in den unendlichen Weiten des amerikanischen Kontinents. Weit weg von New York und den anderen Zentren der amerikanischen Ostküste nähte man seine Kleidung selbst oder ließ sich etwas aus der nächsten Provinzstadt mitbringen. Doch was taten die Damen in Minnesota oder Kansas, die sich modisch kleiden wollten? Und was passierte, wenn der Gatte eine Maschine brauchte, die in Nebraska oder Kentucky nicht so einfach erhältlich war?

Ob Kleider oder Landmaschinen: Die Post bringt's!

Schon früh sahen Geschäftsleute in New York eine Möglichkeit, auch die Menschen in der Provinz mit den heiß begehrten Waren zu versorgen: Sie versandten sie einfach per Post. Damit die Leute wussten, was es alles zu kaufen gab, erschienen in regelmäßigen Abständen Kataloge, die diese Waren präsentierten und auch gleich den Preis nannten. 1848 richtete Alfred Hammacher in New York einen Versandhandel für Werkzeuge und anderen Handwerkerbedarf ein. 1872 erschien der erste Katalog, aus dem Amerikaner bestellen konnten, herausgegeben von Aaron Montgomery Ward. Dieser „Katalog" war zunächst ein einzelnes Blatt Papier mit einer Preisliste, war 20 Jahre später allerdings bereits auf 540 Seiten gewachsen. Sears, der Versandhandelsgigant des 20. Jahrhunderts, stieg 1888 ins Kataloggeschäft ein.

Auch in Deutschland wurde die ländliche Bevölkerung schon früh auf dem Postweg mit den gewünschten Waren versorgt. 1886 gab Ernst Mey den ersten Versandkatalog heraus. Zur Zeit der Weimarer Republik wurden etliche neue Versandhäuser gegründet, deren Namen auch heute noch bekannt sind, darunter der Baur Versand in Burgkunstadt (1925) und das Versandhaus Quelle in Fürth (1927). Heute hat sich der Versandhandel vom Kataloggeschäft auf das Internet verlagert, das erheblich aktueller als die zweimal jährlich erscheinenden Kataloge ist. Ganz gestorben ist der gute alte Katalog allerdings noch nicht: Im Gegensatz zum Internet lässt er sich auch bequem mit einer Tasse Tee auf dem Sofa studieren und beim Blättern durch die vielen bunten Seiten machen die Kunden so manche

Entdeckung, auf die sie im Internet nicht so leicht gestoßen wären.

Es gibt nichts, was es nicht gibt

Angeboten wurde im Versandhandel alles, was sich irgendwie zum Kunden bringen ließ. Zwischen 1921 und 1931 verkaufte Montgomery Ward sogar Bausätze für Fertighäuser. Auch der Konkurrent Sears verkaufte diese Fertigteile und setzte von 1908 bis 1940 zwischen 70.000 und 75.000 dieser Häuser ab – viele von ihnen sind heute noch bewohnt. Der Katalog des Kaufhauses Macy's listete 1877 auf 90 Seiten Waren aus 21 Abteilungen von Bettwäsche über Unterwäsche und Pelze bis hin zu Spielzeug und Porzellanwaren auf. Größtenteils waren nur Produktname und Preis genannt, besondere Waren wie Handtaschen wurden in Illustrationen dargestellt.

Von der Designermode bis zum Taschentuch – der Katalog bringt die weite Welt ins Haus.

Cognac
Ihre Zahlung
Mark
Raymond & Co

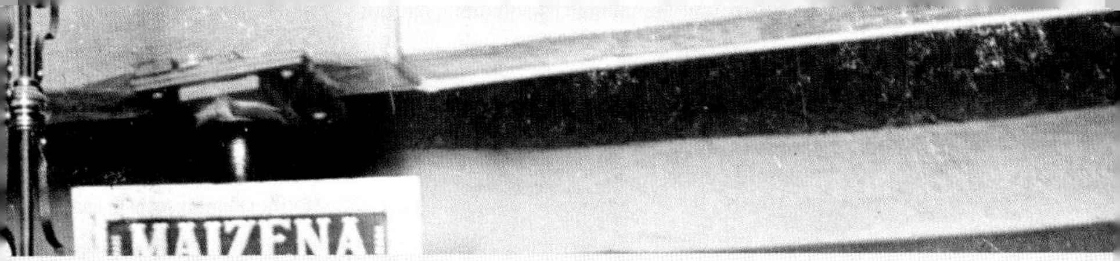

KAPITEL 4

Die Demokratisierung des Handels

Von der Provinz in die Zentren Deutschlands

Während die ersten großen Warenhäuser des 19. Jahrhunderts in Frankreich und Großbritannien vor allem auf wohlhabende Kundschaft setzten, verfolgten die Väter der Warenhäuser in Deutschland von Anfang an ein anderes, revolutionäres Konzept: Es galt, die breite Masse zu erreichen. Dabei teilten sich die drei Großen der Branche die Käuferschichten auf: Wertheim hatte das anspruchsvollste Warenangebot, Jandorf (mit Ausnahme des KaDeWe) das günstigste und die Brüder Tietz lagen dazwischen. Auf diese Weise konnten sich alle Gesellschaftsschichten den Einkauf im Warenhaus leisten.

Außergewöhnlich

Das Deutsche Kolonialhaus in Berlin

„Und zwar spüren die Frauen der verschiedenen Gesellschaftsklassen gleichmäßig die Anziehungskraft, welche das Warenhaus gerade in dieser Hinsicht ausübt; die vornehmen Beamtenfrauen aus dem Westen Berlins oder aus Charlottenburg geben sich dem Trubel ebenso willig hin wie die Handwerker- oder Arbeiterfrauen des Ostens und des Nordens, die stets ihr sonst für die Festtage aufgespartes ‚gutes Kleid' anziehen, wenn sie zu Wertheim gehen."

Gustav Stresemann

EINES DER ERSTEN Warenhäuser in Deutschland war das Deutsche Kolonialhaus in Berlin. Es brachte Waren aus aller Welt – vor allem aus den deutschen Kolonien – nach Deutschland und eröffnete später auch Filialen in anderen größeren Städten.

Deutsche Kolonien in Afrika und in der Südsee

Im Vergleich zu anderen europäischen Mächten versuchte Deutschland erst relativ spät, nämlich zur Zeit des Deutschen Kaiserreichs, sich Kolonien in Übersee zu sichern. Viel war nicht mehr übrig geblieben, denn vor allem Frankreich und Großbritannien beanspruchten große Teile von Afrika für sich. Trotzdem gelang es Deutschland zwischen 1871 und 1918, Kolonien in Südwestafrika (heute Namibia), Ostafrika (heute Tansania, Ruanda, Burundi) und Westafrika (heute Togo, Ghana und Kamerun) sowie diverse Inseln in der Südsee zu erwerben.

Werbeplakat für eine Ausstellung für Kolonialwaren und Feinkost, die vom 13.–21. August 1927 in den Ausstellungshallen am Kaiserdamm in Berlin stattfand

In diesen fernen Kolonien gediehen allerlei exotische Köstlichkeiten, die in Deutschland bis dahin noch weitgehend unbekannt waren. Obst und Gemüse konnte zwar zu dieser Zeit noch nicht importiert werden, da der Transport auf dem Seeweg zu lange dauerte und die Waren leicht verderblich waren. Doch Kakaobohnen, Kaffeebohnen oder Kokosnüsse hielten sich sehr lange frisch und fanden ihren Weg immer öfter auch in deutsche Geschäfte.

»REKOFA«
BERLIN 13.-21. AUGUST 1927
IN DEN AUSSTELLUNGSHALLEN
AM KAISERDAMM
Reichsausstellung
für Kolonialwaren
und Feinkost
sowie dazugehörende Bedarfsgegenstände

Kolonialwaren: ein gutes Geschäft

Einer der Ersten, der im großen Stil mit Waren aus den Kolonien handelte, war der Berliner Bruno Antelmann. Er eröffnete in den 1880er-Jahren eine Kolonialwarenhandlung in der Jerusalemer Straße 28 und spezialisierte sich auf Waren aus „deutschem Anbau". Schon bald wurde er Marktführer im Bereich der Kolonialwaren und betrieb auf der 1. Deutschen Kolonialausstellung in Berlin-Treptow 1896 einen eigenen Verkaufsstand: In einer „Negerhütte" konnten die Besucher unter anderem Kamerun-Kakao, Usambara-Kaffee und Usambara-Zigarren probieren. Außerdem eröffnete er in anderen deutschen Großstädten wie Leipzig, Dresden, Frankfurt am Main, Kassel, Wiesbaden und München Filialen. Ergänzt wurde das Filialsystem durch über 400 kleinere Verkaufsstellen in anderen deutschen Städten. Das Deutsche Kolonialhaus hatte sich zum Ziel gesetzt, „die Erzeugnisse der deutschen Schutzgebiete unter zuverlässiger Kontrolle ihrer Echtheit dem deutschen Publikum nahezubringen und den deutschen Markt auf diese Weise nach und nach von dem Import fremder Kolonialerzeugnisse immer mehr unabhängig zu machen".

Für das umfangreiche Warenangebot wurde Antelmanns Geschäft in der Jerusalemer Straße bald zu klein und so zog er 1903 in ein repräsentatives Gebäude an der Lützowstraße in Berlin-Tiergarten um. Auch in seiner Architektur und seiner Innenausstattung griff das Deutsche Kolonialhaus exotische Motive auf: So wurde beispielsweise die orientalisch aussehende Front von Statuen berittener Elefanten, afrikanischer Krieger und Löwen geschmückt. Auch die Namen der deutschen Kolonien waren hier verewigt. Bei der Ausführung federführend gestaltete der Kolonialmaler Rudolf Hellgrewe die Verkaufsräume mit Deckengemälden im Kolonialstil. Neben den Geschäfts- und Lagerräumen beherbergte der Gebäudekomplex auch die Verwaltung des Unternehmens, zu der bereits eine Marketingabteilung gehörte. Für die Qualität der Waren aus den Kolonien bürgte die Deutsche Kolonialgesellschaft.

Eine Prise Exotik

Verkauft wurden im Deutschen Kolonialhaus überwiegend Produkte aus den Kolonien in Afrika und in der Südsee. Dazu gehörten Kaffee, Kakao, Schokolade, Gebäck wie zum Beispiel Kokosnussmakronen, Erdnussöl und Rohtabak. Neben Lebensmitteln führte es jedoch auch Schnitzereien und Schmuck aus Afrika und Accessoires für die eigenen vier Wände: von harmlosen Dingen wie Matten aus Palmbast bis hin zu Dingen, die nicht nur gegen den guten Geschmack, sondern heute auch gegen das Artenschutzabkommen verstoßen: Löwenfelle, ausgestopfte Tiere und die sehr beliebten Papierkörbe aus Elefantenfüßen.

Dieses vielfältige Warenangebot kam an – nicht nur bei der Mittelschicht, die ihr graues Alltagsleben mit einer Prise Exotik würzen wollte, sondern

In den Kolonialwarenläden um die Jahrhundertwende konnten die Kunden neben einheimischen Produkten oftmals auch exotische Lebensmittel erwerben.

auch in den höchsten Kreisen: Bruno Antelmann wurde Hoflieferant bei Großherzog Friedrich Franz IV. von Mecklenburg-Schwerin und sogar von Kaiser Wilhelm II. höchstpersönlich.

Nicht nur die Waren in Bruno Antelmanns Kolonialhaus waren außergewöhnlich und exotisch, auch seine Angestellten stammten häufig aus den Kolonien. Sie waren „die Söhne angesehener eingeborener Familien, die zumeist durch die Herren Gouverneure der einzelnen Schutzgebiete an den Chef des Deutschen Kolonialhauses Antelmann zur Erziehung und beruflichen Ausbildung empfohlen wurden". Mit ziemlicher Sicherheit verliehen die afrikanischen Mitarbeiter dem Kolonialhaus nicht nur Authentizität, sondern lockten auch Kunden in die Geschäfte – wo sonst hätte man im Deutschen Kaiserreich sonst die Gelegenheit gehabt, einen „echten Afrikaner" zu sehen?

Die Niederlage im Ersten Weltkrieg setzt dem Kolonialhaus ein Ende

Als 1914 der Erste Weltkrieg ausbrach, wurde auch in den Kolonien heftig gekämpft. Als Erstes fiel Togoland in Westafrika an die Alliierten. Nach der Niederlage Deutschlands wurde 1918 im Versailler Vertrag verfügt, dass Deutschland alle Übersee-Kolonien aufgeben musste, und die Alliierten teilten die ehemals deutschen Gebiete unter sich auf. Dies setzte auch dem Geschäft von Bruno Antelmann ein Ende. Bereits 1914 verkaufte er sein prächtiges Gebäude an die Firma Woermann, eine Reederei und Handelsgesellschaft, die es als Lager nutzte. Im Zweiten Weltkrieg wurde das Haus bis auf die Grundmauern zerstört.

Damen
Lederhandschuhe

Umtauschen und anfassen erlaubt

Das Geschäft der Brüder Wertheim

Wer das Haus Wertheim zum ersten Male betritt, empfängt den Eindruck eines erdrückenden Gewirres. Menschen fast zu jeder Tageszeit in ununterbrochenen Strömen; unabsehbare, immer neue Reihen von Verkaufsständen; ein Meer von Warenmassen, ausgebreitet; Treppen, Aufzüge, Etagen, sichtbar wie die Rippen eines Skeletts; Säle, Höfe, Hallen; Gänge, Winkel, Kontore; Enge und Weite, Tiefe und Höhe; Farben, Glanz, Licht und Lärm: ein ungeheuerliches Durcheinander, scheinbar ohne Plan und Ordnung. Freilich, wer eine Ware sucht, kommt auch das erste Mal schnell an seine Stelle: Empfänger, an den Eingängen postiert, im schwarzen Anzug, weisen Wege und Richtung; jeder Verkäufer, jede Verkäuferin geben schnell kurze und klare Auskunft. Wer aber einen Über- und Einblick in das Haus und sein Getriebe gewinnen will, bedarf häufigerer Besuche, fast eines richtigen Studiums.

Paul Göhre

MITTE DES 19. JAHRHUNDERTS hatte die Hansestadt Stralsund gerade einmal 18.000 Einwohner, doch trotzdem haben hier gleich zwei bedeutende deutsche Warenhausketten ihren Ursprung. Das mag in der langen Verbundenheit mit der Hanse und dem Handel begründet sein – der Geschäftssinn wurde den Stralsundern wohl mit in die Wiege gelegt. Eine dieser beiden Warenhausketten ist Wertheim.

Auch hier: Der Ursprung war ein Modegeschäft

Wie bei vielen anderen Warenhausketten begann auch bei Wertheim alles mit einem Modegeschäft: 1852 eröffneten die Brüder Abraham und Theodor Wertheim ihr „Manufactur-Modewarengeschäft" in der Stralsunder Wasserstraße. Später wurde es zum Kurzwarengeschäft und zog an die Ecke von Mönch- und Mühlenstraße um. Die entscheidenden Impulse bekam das Unternehmen ab 1876, als Abraham Wertheims Söhne Georg (1857–1939) und Hugo (1856–1883) in das Geschäft einstiegen. Sie erweiterten nicht nur das Sortiment, son-

Ein Blick in den von Alfred Messel erbauten Lichthof des Kaufhauses Wertheim in der Leipziger Straße in Berlin-Mitte

dern führten auch einige Neuerungen ein, die sie während ihrer Lehrzeit in der Berliner Textilgroßhandelsfirma „Wolff und Apolant“ aufgeschnappt hatten: Dazu zählten feste Preise, ein großzügiges Umtauschrecht und die Möglichkeit, die Waren ausführlich zu begutachten, bevor man sie kaufte. Anschreiben war nun nicht mehr möglich, die Waren mussten sofort bar bezahlt werden. Obwohl die Wertheims ab 1879 mit dem Geschäft von Leonhard Tietz Konkurrenz bekamen, wuchs ihr Geschäft rasant: Filialen in Rostock und Berlin kamen dazu. Dass Konkurrenz einem Geschäft neue Impulse versetzen kann, erkannte auch Georg Tietz selbst, der sich bei einem Rivalen, der Firma „A. Lubasch“, neue Ideen holte.

Infolge der Konkurrenz mit A. Lubasch (seinerzeit Ecke Oranienstraße und Kommandantenstraße) mussten die von diesem geführten Artikel, Wirtschaftswaren und Galanterie-Artikel, auch bei uns geführt werden. Dies bedeutete den ersten Schritt zur Wandlung des Manufaktur-Geschäfts in den sogenannten Warenhaus-Betrieb. […] Als wir also gezwungenermaßen dazu übergingen, seine Artikel ebenfalls zu führen, entstanden daraus bei uns ordnungsgemäß geführte Abteilungen, wie sie unserer ganzen Geschäftshandhabung entsprachen.

Georg Tietz

1890 eröffnete am Moritzplatz in Berlin-Kreuzberg das erste Wertheim-Geschäft, das den Namen „Warenhaus“ trug. In großzügigen Verkaufsräumen konnten die Waren ansprechend und in großer Stückzahl präsentiert werden, doch schon bald drohten auch diese Räumlichkeiten aus allen Nähten zu platzen. 1897 wurde unter Regie von Alfred Messel der Gebäudekomplex an der Leipziger Straße in Berlin eröffnet. Am verkehrsreichsten Platz der Stadt zog Wertheim von da an nicht nur eine große Zahl Laufkunden an, sondern war nun auch endlich groß genug, alle Wünsche unter einem Dach zu erfüllen. Weitere Häuser entstanden in der Rosenthaler Straße (1903), der Königsstraße (1911) und erneut am Moritzplatz (1911). Auch das ursprüngliche Geschäft in Stralsund zog in ein größeres Gebäude um.

Das Haus an der Leipziger Straße
Das Wertheim-Haus an der Leipziger Straße wurde von Alfred Messel entworfen und setzte mit seinen Lichthöfen und großen Fensterflächen neue Maßstäbe in der Warenhausarchitektur. Der 1897 eröffnete Bau galt nicht nur als schönstes Warenhaus Deutschlands, sondern war mit einer Verkaufsfläche von 70.000 Quadratmetern seinerzeit das größte Warenhaus Europas, das in einem Atemzug mit Harrods in London oder den Galeries Lafayette in Paris genannt wurde. Selbst der Kaiser ließ es sich nicht nehmen,

Der Kaiser bei Wertheim

Anlässlich einer Ausstellung von Cadiner Majolika-Kacheln besuchte Kaiser Wilhelm II. mit seiner Gemahlin am 23. Januar 1910 das Kaufhaus Wertheim. Auch später begegneten sich Georg Wertheim und der Kaiser noch häufig und schätzten sich gegenseitig sehr. Für Wertheim hatte dies einen angenehmen Nebeneffekt – zeigte der Besuch des Kaisers doch, dass auch Adelige ohne Weiteres bei Wertheim einkaufen konnten.

zur Eröffnung am 10. Oktober 1892 zu kommen. 1911/1912 und 1925/1926 musste das Gebäude erweitert werden, bis es schließlich 240 Meter lang war.

Enteignung durch die Nationalsozialisten

Als 1933 die Nationalsozialisten die Macht übernahmen, wurde die Bevölkerung zum Boykott jüdischer Geschäfte aufgerufen – und darunter fiel auch die Kaufhauskette Wertheim. Georg Wertheim versuchte zu retten, was zu retten war. Bereits 1906, bei der Eheschließung mit seiner nichtjüdischen Frau Ursula, war er zum Christentum übergetreten, doch das half ihm in dieser Situation nicht viel. Um sein Unternehmen zu schützen, übertrug er 1934 sein gesamtes Vermögen seiner Frau und vereinbarte Gütertrennung mit ihr. Trotzdem wurde Wertheim 1935 als „rein jüdisch" eingestuft. 1937 wurden die Wertheims durch die Nationalsozialisten enteignet, aus Wertheim wurde die AWAG (Allgemeine Warenhaus Gesellschaft AG). Das Haus in der Leipziger Straße wurde 1944 durch Bomben der Alliierten komplett zerstört. Georg Wertheim musste das jedoch nicht mehr erleben: Er war am 31. Dezember 1939 im Alter von 83 Jahren verstorben. Seine Witwe Ursula ging zusammen mit ihrem zweiten Mann Arthur Lindgens, ihrem Sohn Albrecht und dessen Frau Brigitte im Juli 1945 nach Schweden. Tochter Ursula war bereits zuvor in die USA ausgereist.

Neuanfang nach dem Krieg

Nach dem Ende des Zweiten Weltkriegs befanden sich die ehemaligen Wertheim-Häuser in der sowjetischen Besatzungszone und wurden zügig in Volkseigentum umgewandelt. In Westberlin startete die Wertheim AG mit einem kleinen Geschäft in der Wilmersdorfer Straße einen Neuanfang. Und auch dieses Mal ging das Konzept auf, denn mit dem Wirtschaftswunder der 1950er-Jahre wuchs der Bedarf an Fernsehern, Waschmaschinen und modischer Kleidung.

Zwischen 1969 und 1971 wurde das Haus am Kurfürstendamm errichtet, das eine Verkaufsfläche von rund 30.000 Quadratmetern auf acht Etagen bietet.

Das Ende eines Traditionshauses

In den letzten 30 Jahren ging die Warenhauskette durch verschiedene Hände: Mitte der 1980er-Jahre wurde sie vom Hertie-Konzern übernommen, der 1994 zur Karstadt Warenhaus GmbH kam. Mit dieser Übernahme verschwand auch der Name „Wertheim" aus dem Stadtbild: Die Wertheim-Häuser wurden zu „Karstadt". Nur in Berlin durften die Häuser am Kurfürstendamm und in der Steglitzer Schlossstraße nach wie vor den traditionsreichen Namen Wertheim tragen. 2009 fällte die Geschäftsleitung dann eine Entscheidung, die bei den Mitarbeitern und bei den Berlinern gar nicht gut ankam: Um die Werbekosten zu reduzieren – bisher mussten für die beiden Wertheim-Häuser eigene Werbekampagnen gestartet werden –, wurden sie ebenfall in „Karstadt" umbenannt. Die Wertheim-Dynastie war nun endgültig aus der deutschen Einzelhandelslandschaft verschwunden.

Das Warenangebot damals und heute

Für die Kunden der ersten Warenhäuser in Paris, New York oder Berlin war die Fülle des Warenangebots überwältigend. Sie waren gewohnt, in kleinen Geschäften einzukaufen, die auf eine Warengruppe spezialisiert waren. Und nun fanden sie plötzlich alles unter einem Dach …

Wo man hinschaut: Waren in Hülle und Fülle

Ach, könnten wir doch einmal eine Reise zu Wertheim im Jahr 1903 oder ins KaDeWe des Jahres 1907 unternehmen – was würden wir da nur alles zu Gesicht bekommen! Schon damals gab es in den Warenhäusern alle Gegenstände des täglichen Bedarfs, und dazu gehörte zum Beispiel auch Garderobe für Diener und Kutscher. Konsum war zu dieser Zeit noch etwas ganz und gar Neues und von unserer heutigen Wegwerfgesellschaft war man vor 100 Jahren noch weit entfernt. Deshalb wurde geschont, was nur geschont werden konnte: Sogar für Staubtücher gab es spezielle Taschen, um diese aufzubewahren und zu schützen. Des Weiteren tummelten sich in den Regalen von Wertheim, Tietz & Co. Kniewärmer und Briefmarkenbefeuchter, Decken für den Garten und den Kaffeetisch, Spitzendeckchen, Bücher, Bilderrahmen, Uhren …

Wer eine neue Einrichtung brauchte, konnte sich mit Möbeln im Jugendstil oder rustikaleren Stücken eindecken. Auch amerikanische Schaukelstühle oder Tiger-, Löwen- und Eisbärenfelle waren im Angebot. Bei den Kindern gab es eine strikte Trennung zwischen den Geschlechtern: auf der einen Seite Puppen, auf der anderen Zinnsoldaten, mit denen sich berühmte Schlachten nachstellen ließen, sogar Kanonen und Unterseeboote. Von der Wiege bis zur Bahre – im Kaufhaus fand man alles, was man zum Leben brauchte.

Heute: Reduzierung des Warenangebots

In einigen Bereichen mussten sich die Warenhäuser geschlagen geben. Möbel können in großen Möbelhäusern am Stadtrand besser präsentiert und – falls es sich um Mitnahmemöbel handelt – auch gleich ins Auto gepackt werden, das praktischerweise vor der Tür parken kann. Ähnliches gilt für Elektrogeräte wie Waschmaschinen, Mikrowellen oder

Staubsauger, die niemand gern in ein weiter entfernt gelegenes Parkhaus trägt, wie es die Innenstadtlagen vieler Warenhäuser oftmals erfordern.

Deshalb begannen Warenhausketten in den letzten 20 Jahren, ihr Sortiment zu reduzieren und sich auf ein bestimmtes Kerngeschäft zu konzentrieren. Galeria Kaufhof zum Beispiel hat sich weitgehend von Groß-Elektronikartikeln getrennt – diese Sparte bedient innerhalb der Metro-Gruppe die Media-Saturn-Holding, zu der die Elektrofachmärkte „Media Markt" und „Saturn" gehören. Karstadt verfügt weiterhin über Abteilungen für Haushalts- und Multimediageräte. Schwerpunkte beider Ketten liegen jedoch in den Bereichen Mode, Parfümerie/Beauty, Haushaltswaren, Uhren und Schmuck, Spielwaren sowie Wein und Genuss.

Lichtdurchflutete Räume, großzügige Präsentation – so zeigen Warenhäuser ihre Angebote heute.

Leonhard Tietz und der Kaufhof

Inspiration aus Frankreich

Kaufhof bietet tausendfach alles unter einem Dach.

Kaufhof-Slogan aus den 1960ern

NEBEN WERTHEIM IST KAUFHOF – heute bekannt als die Galeria Kaufhof GmbH – die zweite Warenhauskette, deren Ursprünge in Stralsund liegen. Hier war es Leonhard Tietz (1849–1914), der am 14. August 1879 in der Hansestadt ein kleines Textilgeschäft eröffnete. Nur 25 Quadratmeter Verkaufsfläche hatte dieser Vorläufer des späteren Warenhauskonzerns.

Von Stralsund ins Ruhrgebiet

Leonhard Tietz verkaufte dort Garne und Knöpfe, Borten, Schnüre und Quasten, Stoffe und Wollwaren. Obwohl er sich zunächst noch auf eine Warengruppe spezialisierte, setzte auch er auf neumodische Geschäftsgrundsätze, die aus Paris nach Deutschland herüberschwappten: Fixpreise, Umtauschrecht und Barzahlung. Sein Erfolg gab ihm recht. Nur ein Jahr später konnte er mit seiner noch jungen Firma in größere Räumlichkeiten umziehen.

Indem ich Sie ganz ergebenst bitte, dieses mein Unternehmen durch Ihre eilige Zuwendung unterstützen zu wollen, spreche ich die Versicherung aus, dass ich durch streng reelle Bedienung, billigste Preise stets bemüht bleiben werde, Ihr Vertrauen zu gewinnen und für dauernde Zeit zu erhalten. In Hochachtung und Ergebenheit, Leonhard Tietz.

Leonhard Tietz in der „Stralsundischen Zeitung“

Viele von Tietz' Lieferanten saßen im Ruhrgebiet, im ersten großen Industriezentrum Deutschlands. So lag es nahe, die Waren auch in unmittelbarer Nähe zu ihrem Produktionsort zu verkaufen, denn so konnte Tietz Waren in großer Stückzahl anbieten, ohne dabei viel Geld für den weiten Transport ausgeben zu müssen. Also eröffnete Leonhard Tietz 1889 in Elberfeld (heute ein Stadtteil von Wuppertal) ein Warenhaus: das erste Kaufhaus nach französischem Vorbild in Deutschland. Seine erste Filiale im Westen Deutschlands hatte zwar mehrere

Neben seinem Stammsitz in Stralsund eröffnete Leonhard Tietz weitere Häuser, hier die Filiale in Aachen.

TIETZ

Der 30-jährige Leonhard Tietz eröffnete am 14. August 1879 in der Hansestadt Stralsund einen Textilwarenladen und legte so den Grundstein für das Warenhausunternehmen Galeria Kaufhof.

Abteilungen, aber nur drei Verkäuferinnen, doch das blieb nicht lange so. Als zwei Jahre später eine Filiale in der Hohen Straße in Köln hinzukam, kümmerten sich dort bereits 30 Verkäuferinnen auf 180 Quadratmetern um die Wünsche der Kunden. Auch seinen Firmensitz verlegte Tietz schließlich ins Rheinland.

Die Warenhauskette wuchs in den folgenden Jahren und Jahrzehnten rasant. Als erstes Warenhaus in Deutschland wurde die Leonhard Tietz AG 1905 als Aktiengesellschaft eingetragen. Alfred Leonhard Tietz, der die Nachfolge seines Vaters antrat, modernisierte und erweiterte den Konzern und orientierte sich dabei stark am Vorbild amerikanischer Warenhäuser. Symbolisch dafür steht die Inbetriebnahme der ersten Rolltreppe in Deutschland im Jahr 1925: Sie beförderte im Kölner Kaufhaus Tietz die Kunden von einer Etage in die nächste. Sein 50-jähriges Jubiläum 1929 konnte der Konzern bereits mit 43 Filialen und rund 15.000 Mitarbeitern feiern. Außerdem verfügte er zu dieser Zeit über eigene Einkaufs- und Produktionsbetriebe.

Flucht ins Ausland

Um zu verhindern, dass das Unternehmen durch die Nationalsozialisten boykottiert wurde, musste Alfred Leonhard Tietz eine Konzernführung aus „arischen" Mitgliedern einsetzen. Doch das half leider nichts: Die Gründerfamilien mussten ihre Unternehmensanteile zu lächerlichen Konditionen an Banken verkaufen. Der Firmenname wurde nun von „Leonhard Tietz

AG" zu „Westdeutsche Kaufhof AG" geändert. Die Familie Tietz konnte sich ins Ausland retten und wurde nach 1945 mit 5 Millionen DM entschädigt. Ihre Warenhäuser wurden durch den Zweiten Weltkrieg stark in Mitleidenschaft gezogen: 35 der 40 Filialen wurden durch Bomben zerstört.

Übernahmen und Fusionen

Nach der Währungsreform erholte sich das Unternehmen schnell. Angesichts der Jahre des Mangels hatte die Bevölkerung einen enormen Nachholbedarf und die Vollbeschäftigung der Wirtschaftswunderjahre sorgte dafür, dass ihnen auch die nötigen finanziellen Mittel zur Verfügung standen, die sie zum Einkaufen brauchten. In den 1950er-Jahren expandierte der Konzern ins gesamte Bundesgebiet und hieß nun „Kaufhof AG".

> *Ich freu' mich drauf.*
>
> Galeria Kaufhof-Slogan aus dem Jahr 2000

1980 erwarb die Handelskette Metro Anteile am Kaufhof, seit 1986 hält sie mit 51 Prozent die absolute Mehrheit an der Warenhauskette. Und auch Kaufhof kaufte munter ein: 1994 erwarb die Holding die Horten AG und schluckte somit einen wichtigen Konkurrenten. Zugleich gingen in Osnabrück und Oldenburg die ersten Galeria Kaufhof-Läden mit einem Konzept an den Start, das Kaufhof an Horten angelehnt hatte. Ende 1995 wurde die Kaufhof Holding AG durch die Metro AG ersetzt. 2008 wurde das Unternehmen in eine GmbH umgewandelt und in „Galeria Kaufhof GmbH" umbenannt.

Das Kaufhof-Haus in Köln, Hohe Straße. Festpreise, Barzahlung, Warenumtausch: Was seit Langem Standard im deutschen Einzelhandel ist, war vor 125 Jahren eine neue, außergewöhnliche Geschäftsidee.

-und für Jhre
Einkäufe
KARSTADT
immer wieder
KARSTADT
Das Haus in dem man gut kauft.
U-Bahnhof Hermannplatz

Das „Tuch, Manufactur- und Confectionsgeschäft Karstadt“

Ein rasanter Aufstieg

„*Zu Hause anzukommen heißt, in einer vertrauten Umgebung zu sein, freundlichen Menschen zu begegnen. Wer in eine neue Stadt zieht, muss sich dieses Heimatgefühl erst neu aufbauen. Vertrautes im Neuen findet man dann beim Betreten eines Karstadt-Warenhauses. Alles, was man sucht, hat seinen Platz …*“

Florian Langenscheidt, *Deutsche Standards. Marken des Jahrhunderts*

KARSTADT
Schöner shoppen in der Stadt

OB ES AN DER GESUNDEN LUFT der Ostsee liegt oder dem uralten Geist des Handels und der Hanse, der durch die Ostseestädte weht: Auch eine dritte große deutsche Warenhauskette hat ihren Ursprung nicht etwa in Berlin, sondern in der knapp 150 Kilometer von Stralsund entfernten Hansestadt Wismar. Dort eröffnete Rudolph Karstadt am 14. Mai 1881 sein „Tuch-, Manufacur- und Confectionsgeschäft Karstadt“.

Erfolg mit Festpreisen

Wie seine Konkurrenten aus den Häusern Wertheim und Tietz hatte auch Karstadt mit seinem Geschäftsgrundsatz, feste, für alle Kunden einheitliche Preise für seine Waren zu verlangen, großen Erfolg. Anscheinend hatten viele Kundinnen und Kunden die Nase voll vom Handeln – konnte man doch nie wissen, ob man nicht vielleicht vom Händler übers Ohr gehauen wurde und der Nachbar das Gleiche zu einem weitaus günstigeren Preis bekam. Bereits nach drei Jahren konnte Karstadt eine Filiale in Lübeck eröffnen, in der auch die Brüder Thomas und Heinrich Mann einkauften. Zahlreiche Geschäfte in ganz Norddeutschland gesellten sich bald dazu, darunter auch das Haus in der Hamburger Mönckebergstraße mit einer Verkaufsfläche von rund 10.000 Quadratmetern.

Werbung des Kaufhauses Karstadt Berlin-Neukölln im Programmheft der Operette Die oder keine *von Ludwig Schmidseder am Metropol-Theater 1939*

Um die günstigen Preise halten zu können, setzte Karstadt auf die Eigenproduktion. 1911 nahm eine Wäschefabrik in Berlin den Betrieb auf, Herrenkleidung wurde ab 1919 in Stettin produziert. Später erwarb Karstadt weitere Produktionsbetriebe wie Webereien, Druckereien oder Schlachtereien, um unabhängiger von Zulieferern zu werden.

„Einem geehrten Publikum Wismar's und Umgegend mache ich hierdurch die ergebene Mittheilung, dass ich Mitte des Monats im Hause des Herrn Rechtsanwalt Behring hieselbst, ein Tuch-, Manufactur- u. Confections-Geschäft eröffnen werde.
Es wird stets mein Bestreben sein, mir durch strengste Reellität das Vertrauen der mich Beehrenden zu erwecken. Und wird der Verkauf zu sehr billigen, festen Preisen, aber nur gegen bar stattfinden."

Anzeige zur Geschäftseröffnung von Rudolph Karstadt

Rasche Expansion

1920 wurde der Konzern in eine Aktiengesellschaft umgewandelt. Zeitgleich übernahm Karstadt die Warenhauskette Althoff, deren Sitz in Dülmen war. So gelangte Karstadt in den Besitz zahlreicher Häuser im Ruhrgebiet und im Rheinland – Gegenden, wo er bis dato noch nicht vertreten war. Bis 1963 durften die Althoff-Warenhäuser ihren Namen behalten, dann wurden sie endgültig zu Karstadt. Schon früh erkannte die Geschäftsführung, dass sich nicht alle Leute das qualitativ hochwertige Angebot in ihren Warenhäusern leisten konnten. Daher gründete sie 1926 die EPA-Einheitspreis-Aktiengesellschaft und baute ein Filialnetz von Niedrigpreiswarenhäusern auf, wie es der Amerikaner Frank W. Woolworth gerade vorgemacht hatte. Bis 1932 entstanden 52 EPA-Filialen, in denen sich die Menschen auch während der Wirtschaftskrise noch günstig einkleiden konnten.

Nach dem Vorbild der US-Kette Woolworth entstanden rasch Niedrigpreiswarenhäuser.

Wirtschaftskrise und Nationalsozialismus

Weniger Glück hatte das gigantische Kaufhaus, das Karstadt 1929 am Hermannplatz in Berlin-Neukölln eröffnete: In neun Stockwerken und auf 72.000 Quadratmetern sollten 4000 Mitarbeiter keinen auch noch so ausgefallenen Kundenwunsch mehr unerfüllt lassen. Mit seiner Muschelkalkfassade und seiner vertikalen Gliederung erinnerte das Haus an die Wolkenkratzer in New York und galt als modernstes Kaufhaus Europas. 24 Rolltreppen verbanden die Etagen, außerdem hatte das Kaufhaus einen direkten Zugang zum U-Bahnhof Hermannplatz. Zusätzlich zum umfassenden Warenangebot lockte Karstadt am Hermannplatz mit einer Badeanstalt, einer Sporthalle, einem Kinderspielplatz und einer 4000 Quadratmeter großen Dachterrasse und wurde so schnell zu einem beliebten Ausflugsziel für die ganze Familie. Doch dann schlug die Wirtschaftskrise zu und das Gebäude mit seinen zwei 56 Meter hohen Türmen erwies sich als hoffnungslos überdimensioniert. Bald standen einige Stockwerke leer oder wurden untervermietet. 1945 wurde das Haus von der SS gesprengt, damit es nicht in die Hände der Roten Armee fiel.

Insgesamt brachen die Umsätze des Warenhauses während der Wirtschaftskrise dramatisch ein. Rudolph Karstadt zog sich aus der Unternehmensführung zurück. Außerdem wurden etliche Filialen geschlossen und auch die eigentlich erfolgreiche EPA AG wurde verkauft. Mit der Machtübernahme der Nationalsozialisten und dem Zweiten Weltkrieg standen schon die nächsten Katastrophen für die Warenhausgesellschaft bevor. Die Karstadt AG musste zahlreiche jüdische Angestellte entlassen, darunter auch vier Vorstandsmitglieder – sonst hätte sie einen dringend nötigen Millionenkredit nicht erhalten. Bei Kriegsende musste Karstadt zudem zahlreiche Filialen aufgeben, weil sie in den Ostgebieten jenseits von Oder und Neiße oder in der sowjetischen Besatzungszone lagen. Von den 45 Häusern im Westen waren 30 zerstört oder stark beschädigt.

Aufschwung durch das Wirtschafswunder

Von diesen Rückschlägen erholte sich Karstadt in den Wirtschaftswunderjahren schnell und konnte schon bald erneut auf Expansion setzen. Das Unternehmen eröffnete nicht nur neue Filialen in der ganzen Bundesrepublik, sondern übernahm auch die Grimme-Warenhäuser in Schleswig-Holstein, die Neckermann Versand AG und nach der Wiedervereinigung auch einige ehemalige Centrum-Warenhäuser in den neuen Bundesländern. 1994 kamen die Hertie-Warenhäuser dazu, inklusive dem Berliner KaDeWe, die nach und nach in Karstadt-Häuser umgewandelt wurden. 1999 fusionierte die Karstadt AG mit dem Versandhaus Quelle zur KarstadtQuelle AG, die später zu Arcandor wurde. Doch dieser Aufwärtstrend währte nicht ewig …

Schwierigkeiten und Insolvenz

2004 befand sich der gesamte KarstadtQuelle-Konzern in finanziellen Schwierigkeiten. Teils kämpfte Karstadt wie auch die anderen Warenhausketten gegen die Konkurrenz durch Einkaufszentren, Discounter und das Internet, teils waren die Probleme aber auch hausgemacht. Die Häuser muteten ein wenig altmodisch an und hielten an ihrem Gemischtwarenprogramm fest, anstatt sich auf ausgesuchte Warengruppen zu spezialisieren. Auch der Versuch, die Lebensmittelabteilung aufzuwerten, brachte nichts – außer neuen Verlusten. Etliche Filialen wurden geschlossen, die Karstadt-Immobilien verkauft. Das sollte sich schon bald als Fehler herausstellen, denn die Karstadt-Muttergesellschaft Arcandor konnte die Miete für die Karstadt-Häuser schon bald nicht mehr bezahlen. Im September 2009 musste Arcandor Insolvenz anmelden. Im Juni 2010 beschloss der Gläubigerausschuss, Karstadt an den deutsch-amerikanischen Investor Nicolas Berggruen zu verkaufen, der ab Oktober 2010 alle Karstadt-Geschäfte übernahm. Er plant, Rudolph Karstadts Vermächtnis in drei Sparten aufzuteilen: Sporthäuser, Premiumhäuser und sonstige Warenhäuser. Zum Zeitpunkt des Verkaufs gehörten 89 Warenhäuser und 27 Sporthäuser zu Karstadt. Berühmtestes Aushängeschild des Konzerns ist das Kaufhaus des Westens in Berlin – kurz genannt KaDeWe.

„*Schöner shoppen in der Stadt.*“

Karstadt-Slogan (2007)

Onkel Hermann sei Dank

Oscar Tietz und Hertie

Wie aus dem Atom das Weltall entsprang, aus dem Winkel die Welt sich entwickelte, ebenso scheint die Ausbreitung und Expansion einer einzigen Familie und des ihr zugehörigen Unternehmens vor sich gegangen zu sein.

Doris Wittner, *Hermann Tietz*

ALS AM 15. AUGUST 2009 das letzte Hertie-Kaufhaus für immer die Türen schloss, ging damit eine 127-jährige Unternehmensgeschichte zu Ende. Ihren Anfang hatte sie in der Provinz Posen, denn dort, in Birnbaum an der Warthe (heute Międzychód), erblickte Oscar Tietz (1858–1923) das Licht der Welt. Der Name Tietz ist in der deutschen Warenhausgeschichte kein unbekannter: Oscars älterer Bruder war Leonhard und dieser ist als Gründer des späteren Galeria Kaufhof-Konzerns bestens bekannt.

Eine unternehmerische Familie

Tatsächlich begann Oscars Karriere im Geschäft seines Bruders in Stralsund, doch die beiden harmonierten nicht, und so beschloss Oscar, seinen eigenen Weg zu gehen. Hilfe – in der Form eines Kredits – bekam er dabei von seinem Onkel Hermann Tietz (1837–1907). Mit diesem Geld eröffnete Oscar im Jahr 1882 einen Laden in Gera. Dem Onkel zu Ehren nannte Oscar das Geschäft „Garn-, Knopf-, Posamentier-, Weiß- und Wollwarengeschäft Hermann Tietz". Obwohl das Sortiment noch beschränkt war, wies Oscars Laden bereits typische Merkmale eines Warenhauses auf: Die Waren wurden zu Festpreisen verkauft und die Kunden mussten sofort bezahlen und konnten nichts mehr anschreiben lassen.

Die Geschäfte liefen gut und schon bald konnte Oscar weitere Filialen, unter anderem in Weimar, München und Hamburg, eröffnen. Ab 1900 war er dann auch in Berlin mit einem Warenhaus vertreten, und zwar in direkter Nachbarschaft des damals größten Warenhauses in Europa, Wertheim in der Leipziger Straße. Hier eröffnete „Hermann Tietz" einen Konsumtempel aus Eisen und Glas, der dem Giganten Wertheim ohne Weiteres die Stirn bieten konnte. Nach und nach eröffneten Hermann und Oscar Tietz insgesamt zehn Filialen in der Hauptstadt

Inbetriebnahme einer der ersten Rolltreppen Deutschlands im Berliner Kaufhaus Hermann Tietz im Jahr 1925

und besaßen damit die größte Verkaufsfläche in Berlin. 1912 kam das repräsentative Alsterhaus am Hamburger Jungfernstieg dazu. Bei all diesen unternehmerischen Aktivitäten vergaß Oscar Tietz jedoch nie, dass sein Bruder Leonhard in der gleichen Sparte tätig war wie er. Die beiden teilten Deutschland brüderlich untereinander auf: Hermann und Oscar konzentrierten sich auf den Osten und den Süden des Landes, Leonhard betrieb seine Warenhäuser dagegen im Westen Deutschlands und in Belgien.

»*Jeder Artikel wurde mit kleinem Gewinn kalkuliert und für jeden Käufer erkennbar mit dem Preis ausgezeichnet. Es gab kein Handeln und kein Feilschen, und jeder Kauf musste sofort bezahlt werden. Die Konkurrenz hielt Vater für einen Schleuderer, einen Verrückten, der sich bald das Genick brechen müsste. ‚Der junge Mann will Preise und Neuerungen einführen, die selbst die Berliner nicht haben; der geht zugrunde.' Um ihn schneller zu ruinieren, kauften die lieben Berufsgenossen ihn fleißig aus, besonders die Spitzen. Das Geschäft aber reüssierte dadurch beispiellos.*«

Georg Tietz über das Geschäft seines Vaters Oscar Tietz

Ein Geschäftsmann mit Leib und Seele

Oscar Tietz war Geschäftsmann mit Leib und Seele und erkannte schon früh, dass die verschiedenen Warenhausketten zwar Konkurrenten waren, aber trotzdem zusammenarbeiten mussten, um ihre Interessen zu vertreten – vor allem auch im Hinblick auf die Warenhaussteuer, die sie abführen sollten, um die kleinen Einzelhändler zu schützen. Deshalb gründete Oscar Tietz 1903 den Verband Deutscher Waren- und Kaufhäuser (VDWK). 1919 initiierte er die Gründung der Hauptgemeinschaft des deutschen Einzelhandels HDE (heute: Handelsverband Deutschland e.V. – Der Einzelhandel), deren Mitglied der VDWK wurde. Nach dem Tod von Oscar Tietz im Jahr 1923 übernahmen seine Söhne Georg und Martin Tietz zusammen mit Hugo Zwillenberg die Geschäftsleitung. Das Kaufhaus hatte nun bereits 40 Filialen und verfügte über sieben eigene Textilbetriebe, die Nachschub in die Regale brachten.

Das Hertie-Haus am Münchner Bahnhofsplatz

Wer den Münchner Hauptbahnhof verließ, landete jahrzehntelang direkt vor der größten unter dem Namen Hertie geführten Filiale der Kaufhauskette. Das Geschäft am Bahnhofsplatz wurde 1905 eröffnet und war das größte Kaufhaus Bayerns. Heute firmiert es unter dem Namen „Karstadt". Von den beiden Karstadt-Filialen in der Münchner Fußgängerzone wurde eine abgerissen, die andere heißt nun wieder „Oberpollinger" – der ursprüngliche Name des Kaufhauses, bevor es 1927 an Rudolph Karstadt verkauft wurde.

Das KaDeWe kommt zu Hermann Tietz

1926 ging den Brüdern Tietz ein großer Fisch ins Netz: Sie übernahmen das Berliner Kaufhausunternehmen Adolf Jandorf & Co., zu dem unter anderem das berühmte Kaufhaus des Westens (KaDeWe) gehörte. Nun gehörte ihnen der größte Kaufhauskonzern in Europa: 18.000 Angestellte erwirtschafteten für Hermann Tietz einen Jahresumsatz von 128 Millionen Mark.

Aber die Zeit des Nationalsozialismus ging auch an den Warenhäusern Hermann Tietz nicht spurlos vorüber. Da der jüdische Name „Tietz" nicht mehr geführt werden sollte, wurde aus den Anfangsbuchstaben von Hermann und Tietz ein neuer Name gebastelt: Hertie. Der Konzern selbst wurde 1939 von Georg Karg (1888–1972) gekauft.

Nach dem Krieg verlor Hertie etliche seiner Filialen, da sie sich in der sowjetischen Besatzungszone, der späteren DDR, befanden. Allein in Berlin waren mehr als die Hälfte der Filialen betroffen – und die übrigen waren im Krieg stark beschädigt worden. Doch Hertie konnte sich rasch erholen und eröffnete bald neue Geschäfte. 1950 öffnete auch das KaDeWe wieder seine Türen. Weitere Filialen kamen ab 1952 dazu, als Hertie die Mehrheit an der Wertheim AG und der Hansa AG übernahm. Und der Kaufhauskonzern nahm eine neue Zielgruppe ins Visier: Beeindruckt vom großen Erfolg des Billigkaufhauses Woolworth eröffnete Hertie eine eigene Kette mit Waren im Niedrigpreissegment: Bilka.

Noch in den 1970er-Jahren expandierte die Warenhauskette stark und eröffnete zahlreiche neue Filialen. Doch Mitte der 1980er-Jahre brach der Umsatz stark ein und etliche Filialen mussten wieder schließen. Da in den Randgebieten der Städte immer öfter größere Selbstbedienungswarenhäuser entstanden, die den Kaufhäusern in der Stadt die Kunden wegschnappten, versuchte Hertie, einige Bilka- und Hertie-Filialen auf Selbstbedienung umzustellen, und gründete hierzu die „Preisland-City-SB". Doch die Konkurrenz „auf der grünen Wiese" war einfach zu mächtig …

Nach dem Tod von Georg Karg im Jahr 1972 übernahm sein Sohn Hans-Georg Karg die Geschäftsführung.

Aus Hertie wird Karstadt

1994 wurde Hertie von der Karstadt AG erworben. Bis zur Übernahme durch Karstadt war die Hertie Waren- und Kaufhaus GmbH einer der führenden Warenhauskonzerne in Deutschland. Sie betrieb rund 115 Warenhäuser unter den Namen Hertie, Wertheim, Alsterhaus und KaDeWe. Dazu kamen noch rund 35 Bilka-Warenhäuser. Auch die Restaurantkette LeBuffet, die Elektrofachmärkte Schaulandt und Schürmann sowie der Musikfachhändler WOM (World of Music) gehörten zu Hertie. Im Zuge der Übernahme durch Karstadt wurden alle Hertie-Filialen entweder in Karstadt umbenannt, geschlossen oder verkauft. Nur das größte unter dem Namen Hertie geführte Kaufhaus am Münchner Bahnhofsplatz und die Filiale in Berlin-Neukölln firmierten noch bis September 2007 als Hertie. Zu einer kurzfristigen Wiederbelebung kam es 2007, als Karstadt verschiedene kleinere Filialen an den britischen Finanzinvestoren Dawnay, Day and Hilco UK Ltd. verkaufte. Von da an hießen diese Warenhäuser wieder „Hertie", doch das sollte nicht lange so bleiben: 2008 meldete das Unternehmen Insolvenz an, im August 2009 wurden die Hertie-Kaufhäuser endgültig geschlossen.

Vom Mädchen hinter der Ladentheke zur Einzelhandelskauffrau: Wandel eines Berufsbildes

Von Anfang an war das Kaufhaus eine Welt der Damen. Hier konnten sie sich frei und ohne Begleitung in der Öffentlichkeit bewegen – Ende des 19. Jahrhunderts noch bei Weitem keine Selbstverständlichkeit. Doch nicht nur die Kundschaft bestand zu einem großen Teil aus Frauen: Auch hinter dem Ladentisch arbeiteten häufig Frauen und das ist auch heute noch so.

Anfangs nur Männer

Bevor die Warenhäuser überall auf der Welt ihren Siegeszug antraten, arbeiteten nur Männer als Verkäufer. Höchstens die Frau des Ladenbesitzers packte mit an. Ein Grund dafür war, dass der Inhaber seine Angestellten in seinem Haus beherbergen musste – und das war einer ledigen Frau nicht zuzumuten. Für die Angestellten bedeutete dies einerseits, dass sie sich nicht um Unterkunft und Verpflegung kümmern mussten, andererseits waren sie aber auch völlig von ihrem Arbeitgeber abhängig. Wer seinen Job verlor, stand also gleich in doppeltem Sinn auf der Straße. Einige Warenhäuser, zum Beispiel Whiteleys, stellten ihren Angestellten ebenfalls Unterkünfte zur Verfügung, streng nach Geschlechtern getrennt. Mit der Zeit waren immer mehr Frauen im Verkauf zu finden. 1908 arbeiteten bei Leonhard Tietz bereits 2418 Frauen, bei einer Gesamtzahl von 3030 Angestellten. In anderen Warenhäusern dürften die Zahlen ähnlich ausgesehen haben.

Anforderungen: Höflichkeit und Freundlichkeit

Schon immer waren Höflichkeit und Freundlichkeit die wichtigsten Eigenschaften, die Verkäuferinnen (und Verkäufer) mitbringen mussten. Der Kunde ist König – oder sollte zumindest so behandelt werden. Bei Wertheim konnte eine Verkäuferin Anfang des 20. Jahrhunderts sogar zu einem Entschuldigungsbesuch zu einer Kundin nach Hause geschickt werden, wenn sie einen Verstoß begangen hatte. Frauen hatten dabei oft eine schwierige Gratwanderung zu bewältigen: Sie mussten einerseits mit einem hübschen Aussehen und einem freundlichen Lächeln auf den Lippen die Kundinnen und Kunden zum Kaufen verführen, andererseits aber stets auf ihre Tugend achten.

Bei Wertheim konnten Mädchen bereits mit 14 Jahren anfangen, das Höchstalter für den Eintritt in das Unternehmen lag bei 30 Jahren. Die „Karriere“ begann in der Regel als Kassenmädchen, das die Ware vom Verkaufstisch zum Packtisch brachte. Dann konnten sich die Mädchen zur Verkäuferin und schließlich zur Aufsichtsdame hocharbeiten. Die höheren Stellen im Unternehmen wurden jedoch ausnahmslos von Männern bekleidet.

Neben einem hübschen Lächeln mussten die Verkäuferinnen noch anderes mitbringen. Schon früh wurde in den Warenhäusern darauf geachtet, dass das Personal in Verkaufsmethoden geschult wurde. Im Buch *The Educational Director*, einem Handbuch für Warenhausleiter, das 1918 in den USA erschien, beschäftigen sich rund 80 Seiten mit der Ausbildung des Verkaufspersonals. Unter anderem werden hier Tipps zum Umgang mit verschiedenen Kundentypen wie dem unentschlossenen oder dem unfreundlichen Kunden gegeben.

Heute: Kaufmann/Kauffrau im Einzelhandel

Heute arbeiten in der Regel ausgebildete Kauffrauen und Kaufmänner in den Warenhäusern. Ihre Ausbildung ist gesetzlich genau geregelt und läuft parallel in Betrieben und in der Berufsschule ab. Tarife regeln Bezahlung und Urlaubsansprüche und auch in das Privatleben der Angestellten darf sich die Geschäftsführung nicht mehr einmischen.

Immer noch wird viel Wert auf Weiterbildung gelegt. So verfügt das KaDeWe in Berlin über eine eigene Abteilung für Aus- und Weiterbildung. Und noch etwas hat sich in den letzten 100 Jahren nicht geändert: Ein großer Teil des Verkaufspersonals – nämlich rund 66 Prozent – im Einzelhandel und in den Warenhäusern sind weiblich.

Innenansicht einer Filiale von Tengelmanns Kaffee-Geschäft in Nienburg an der Weser um 1905

Lehrling bei Tietz: Horten

Von Kacheln und Gesetzen

Horten hat die Wa(h)re Freude.

Slogan des Kaufhauses Horten

VON DEN BESTEN zu lernen kann nie schaden. Dies dachte sich offenbar auch Helmut Horten (1909 bis 1987), der erst eine Lehre bei Leonhard Tietz machte und später eine eigene Warenhauskette eröffnete.

Horten kauft Kaufhäuser

Geboren wurde Helmut Horten im Jahr 1909 in Bonn. Nach seiner kaufmännischen Lehre bei Leonhard Tietz in Düsseldorf – von der sein Vater, Senatspräsident am Oberlandesgericht Köln, übrigens gar nicht begeistert war – wechselte er in die Nachbarstadt Duisburg zum Textilkaufhaus Gebrüder Alsberg. Wie so viele andere Warenhäuser befand sich auch Gebrüder Alsberg in jüdischem Besitz und sollte in der Zeit des Nationalsozialismus „arisiert" werden. Nun sah Helmut Horten seine Stunde gekommen und erwarb 1936 das Kaufhaus. Das Geld dafür kam von der Hamburger Commerz- und Disconto-Bank, die zum stillen Teilhaber des neu gegründeten Unternehmens Horten & Co. wurde.

Bis 1939 erwarb Horten noch sieben weitere Warenhäuser, doch nach Ende des Krieges brachen andere Zeiten an: Horten wurde von den Briten inhaftiert und in Recklinghausen interniert. 1948 kam er nach einem Hungerstreik frei und widmete sich der Konsolidierung seines Unternehmens. Er ließ in der Duisburger Innenstadt ein neues sechsstöckiges Kaufhausgebäude errichten (heute ist darin eine Karstadt-Filiale untergebracht) und erwarb weitere Warenhäuser, darunter die Merkur AG, sodass seine Firma nun als „Merkur Horten & Co. KG" firmierte. Dementsprechend hießen einige seiner Filialen „Horten", andere dagegen „Merkur". Auch der Name „DeFaKa" (Deutsches Familienkaufhaus) – eine von Horten übernommene Kette – war noch vereinzelt zu finden.

Das Carsch-Haus des Kaufhauses Horten in der Heinrich-Heine-Allee in Düsseldorf wurde 1915 erbaut, 1981 abgerissen und die Fassade einem unweit errichteten Neubau vorgeblendet.

1968 ließ sich Helmut Horten mit seiner zweiten Frau Heidi im Schweizer Kanton Tessin nieder und zog sich in den folgenden Jahren zunehmend ins Privatleben zurück. Da er keine Nachkommen hatte, an die er seinen Konzern hätte

Das wiedererrichtete Carsch-Haus am Rande der Düsseldorfer Altstadt im Jahr 1984. Hier betrieb der Horten-Konzern ein exklusives Kaufhaus.

vererben können, wandelte er gleichzeitig sein Unternehmen für den Verkauf in eine Aktiengesellschaft um. Zu dieser Zeit erwirtschaftete der Konzern einen Jahresumsatz von rund einer Milliarde Euro und beschäftigte 25.000 Mitarbeiter.

Ein soziales Gewissen

Helmut Horten interessierte sich Zeit seines Lebens für medizinische und biologische Fragen. Die Ersten, die von diesem Interesse profitierten, waren seine Mitarbeiter, denn sie kamen in den Genuss einer ausgezeichneten medizinischen Betreuung und konnten sich im betriebseigenen Erholungsheim von ihrem anstrengenden Arbeitsalltag regenerieren. Auch eine Pensionskasse gab es bei Horten. 1971 gründete er die „Stiftung Villalta“ zur Förderung der medizinischen Forschung, die nach seinem Tod im Jahr 1987 in „Helmut Horten Stiftung“ umbenannt wurde. Derzeit beträgt das Stiftungskapital über 60 Millionen Schweizer Franken.

Die „Hortenkacheln“

Die Fassaden vieler Warenhausneubauten in der Nachkriegszeit – nicht nur bei Horten – waren mit ornamentalen Aluminiumkacheln verkleidet, die der Architekt Egon Eiermann entworfen hatte. Sie gingen als „Hortenkacheln“ in den deutschen Sprachgebrauch ein. Noch heute sind sie an vielen Kaufhausfassaden sichtbar und stehen teilweise unter Denkmalschutz.

Die viertgrößte Kaufhauskette

Horten war nach Kaufhof, Hertie und Karstadt die viertgrößte Kaufhauskette in Deutschland. Nachdem Helmut Horten seine Aktien verkauft hatte, geriet die Horten AG zunächst in britische Hände, ab Ende der 1980er-Jahre gehörte die Warenhauskette dann zur WestLB Bank. 1994 schnappte sich ein Konkurrent die Horten-Kaufhäuser: die Kaufhof Warenhaus AG, die zum Metro-Konzern gehört. Bereits sechs Jahre zuvor hatte Horten sein „Galeria-Konzept" entwickelt und einige Filialen entsprechend umgestaltet. Fenster brachen die monotone Struktur der „Hortenkacheln" auf und das triste Braun, das bisher das Innere der Häuser dominiert hatte, verschwand von den Wänden. Die Gänge wurden breiter und die Häuser machten einen erheblich freundlicheren und offeneren Eindruck. Dieses Konzept fand Anklang – auch bei Kaufhof, dem neuen Besitzer.

Das „Lex Horten"

Helmut Horten ist der einzige Warenhausgründer, nach dem ein Gesetz benannt ist, zumindest inoffiziell: Da Horten seine Firmenanteile aus der Schweiz verkaufte, wo er seinen Wohnsitz hatte, war der Gewinn steuerfrei. Daraufhin wurde der § 6 des Außensteuergesetzes (AStG) neu formuliert, wonach auch solche Gewinne in Deutschland versteuert werden müssen: Das Lex Horten war geboren.

1995 wurde das Kaufhausgeschäft von der Horten AG auf die Horten Galeria GmbH übertragen, die später mit der Kaufhof Warenhaus AG verschmolz. Als Kaufhof im Jahr 2004 sein 125-jähriges Jubiläum feierte, wurde Horten beerdigt: Die verbliebenen Horten-Filialen wurden entweder in „(Galeria) Kaufhof" umbenannt, verkauft oder geschlossen. Nur das Carsch-Haus in Düsseldorf trägt heute noch ein schlichtes Horten-Logo.

Horten – das Haus voller Ideen.
Slogan des Kaufhauses Horten

Auch eine Unterschriftenaktion half nicht mehr: 1996 stand das einzigen Horten-Warenhauses in Frankfurt (Oder) vor der endgültigen Schließung.

Ein Hauch von Luxus

Adolf Jandorf und das KaDeWe

Wir machen unser Geld nicht mit Millionären oder nur mit reichen Menschen, sondern vor allem mit normalen Menschen. Denen bieten wir zusätzlich einen Traum an.

Patrice Wagner, Geschäftsführer des KaDeWe von 2000–2009

DEUTSCHLANDS Vorzeigekaufhaus – und mit Sicherheit das bekannteste Warenhaus des Landes – ist das Kaufhaus des Westens (KaDeWe) in der Berliner Tauentzienstraße. „Modern seit über 100 Jahren" gibt sich das Haus, das sich einem gehobenen Sortiment und Luxuswaren verschrieben hat. Vor allem die Feinschmeckeretage ist weithin bekannt. Außerdem ist das KaDeWe, das heute zu Karstadt gehört, mit einer Verkaufsfläche von 60.000 Quadratmetern das zweitgrößte Warenhaus Europas – nur Harrods in London ist größer.

Ein Kaufhaus für die oberen Zehntausend

Adolf Jandorf heißt der Mann, dem wir das KaDeWe zu verdanken haben. Bis 1905 hatte er mit seinem Unternehmen Adolf Jandorf & Co. bereits sechs Warenhäuser für den einfachen Bedarf in Berlin eröffnet. Doch nun wollte er sich auch die Kundschaft schnappen, die normalerweise bei Wertheim oder Tietz an der Leipziger Straße einkaufen ging und die sich nach hochwertigeren Waren sehnte: die Elite der wilhelminischen Zeit. Deshalb begann er mit dem Bau einer siebten Filiale, die er „Kaufhaus des Westens" nannte – doch bald sagte jeder nur noch „KaDeWe". Der Begriff „Westen" bezog sich damals auf die neuen Berliner Stadtteile Tiergarten, Wilmersdorf und Charlottenburg, die inoffiziell als „Neuer Westen" bezeichnet wurden. Später, vor allem in der Zeit des Kalten Krieges, nahm der Begriff „Westen" im geteilten Berlin dann eine ganz neue Bedeutung an.

Titelblatt des Notendrucks „Weiße Woche. Wir treffen uns im Kadewe" aus dem Jahr 1920. Die Musik komponierte Rudolph Nelson, der Text stammt von Artur Rebner.

Am 27. März 1907 war es so weit: Das KaDeWe öffnete seine Türen. Das fünfgeschossige Gebäude an der Tauentzienstraße im heutigen Berlin-Schöneberg wurde von Architekt Johann Emil Schaudt entworfen. Schon allein beim Standort bewies Jandorf einen guten Riecher: Das Kaufhaus

WEISSE WOCHE
Wir treffen uns im Kadewe
MUSIK VON RUDOLPH NELSON
TEXT VON ARTUR REBNER
Welch Geschrei, welch Gerenn'
In Berlin W und N?
Ists ein Hund der spricht?!
Ists ein Putsch, ists ein Brand,
Kommt der Lubitsch ins Land
Gar zurück?!
Selbst die Eh'n greift es an,
Denn die Frau spricht zum Mann:
Heute koch ich nicht!
Weiße Woche beginnt,
Und ich brauch, liebes Kind,
Manches neue Stück!
Refrain:
Wir treffen uns im KaDeWe!
Das ist geschmückt so weiß wie Schnee!
Wird das nicht fein,
Mein Herr Gemahl?
Ich kaufe ein
Und du bezahl'!
In jedem Saal, in jedem Raum,
Ein Spitzenmeer, ein Seidentraum;
Du stillst die Launen
Der Blonden, Braunen:
Dir gilt der Preis,
KaDeWe in Weiß!
Für das Kind weiße Schuh',
Weißen Hut für die Lou,
Und für mich ein Kleid,
Ein Cachenez für Alice,
Aus Porz'llan ein Service
Für das Haus;
Weißes Band, flott und fesch,
Weißen Stoff, weiße Wäsch'
Kauf ich auch noch heut;
Halb umsonst ist der Preis,
Mir macht keiner was weis,
Denn ich kenn mich aus:
Kaufhaus des Westens G.m.b.H.
BERLIN W. 50
TAUENTZIENSTR.21–24

lag direkt am U-Bahnhof Wittenbergplatz, auch mehrere Straßenbahnen hielten in unmittelbarer Nähe. Unter Schaudts Leitung entstand dort ein neoklassizistischer Bau aus Eisenbeton mit einer Fassade aus fränkischem Muschelkalk. Obwohl der glasüberdachte Lichthof mittlerweile ein Standardelement der Warenhäuser geworden war, verzichtete Schaudt darauf und setzte stattdessen auf eine zweigeschossige Eingangshalle in der Mitte des Gebäudes.

Im Inneren des Kaufhauses waren 120 Abteilungen unter einem Dach vereint. Die Eisenträger des Gebäudes wurden innen mit Naturstein ausgebaut und mit australischem Moaholz getäfelt. 13 Kundenaufzüge erleichterten den Zugang zu den einzelnen Etagen, außerdem wurde das Kaufhaus von elektrischem Licht beleuchtet. Darüber hinaus bot das KaDeWe seinen Kunden etliche zusätzliche Dienstleistungen an, wie zum Beispiel einen Frisiersalon, eine Filiale der Deutschen Bank, einen Teesalon oder eine Leihbibliothek. Und auch das Warenangebot konnte sich sehen lassen: Von der neuesten Mode aus Paris bis hin zu exotischen Früchten aus der Südsee – es gab beinahe nichts, was es im Kaufhaus des Westens nicht gab. Mit seinen modernen und exquisiten Waren wurde es schnell zu einer beliebten Einkaufsadresse, in deren Umfeld sich weitere Läden ansiedelten. Schon bald wandelte sich die Tauentzienstraße von einer reinen Wohnstraße zu einem Einkaufsboulevard.

WIR MÜSSEN DRAUSSEN BLEIBEN

Damit Frauchens Bello nicht zwischen den kostbaren Waren des KaDeWe sein Beinchen hebt oder mit seinem Gebell andere Kunden stört, gibt es im Untergeschoss des Kaufhauses spezielle Edelstahlboxen, in denen Hunde während des Einkaufsbummels untergebracht werden können – und zwar schon seit den 1920er-Jahren. Genutzt wird der Service allerdings kaum.

Der Verkauf an Hermann Tietz

1926 verkaufte Jandorf sein erfolgreiches Kaufhaus an den Warenhauskonzern Hermann Tietz & Co. In den folgenden Jahren wurden dem Haus zwei weitere Stockwerke und zwei Dachgeschosse hinzugefügt. Auch eine Dachgartenterrasse, auf der sich die Kunden in Liegestühlen entspannen konnten, wurde eingerichtet. Zu dieser Zeit entstand auch die Feinkostabteilung des Kaufhauses, die bis heute seine wichtigste Attraktion ist.

Das von Jandorf betriebene „Warenhaus am Weinberg“ in Berlin ging nach dem Verkauf 1927 ebenfalls in den Besitz von Hermann Tietz.

Zerstörung und Wiederaufbau

Am 23. November 1943 stürzte ein amerikanisches Kampfflugzeug auf das Kaufhaus des Westens und das Warenhaus brannte weitgehend aus. Nach Kriegsende wurde das KaDeWe zum Symbol des Neuanfangs. Als 1950 die ersten beiden Etagen wieder eröffnet wurden, feierten 180.000 Berliner mit „ihrem“ Kaufhaus. In den folgenden Jahren deckte das KaDeWe hauptsächlich den Grundbedarf der Berliner. 1956 war der Wiederaufbau des Hauses abgeschlossen, auch die Feinschmeckeretage, die es bereits seit den 1920er-Jahren gab, wurde nun wiedereröffnet.

Erst in den 1970er-Jahren orientierte sich das Sortiment wieder an den Anfangsjahren des Kaufhauses und bot nun abermals verstärkt Luxuswaren an. Seinen größten Andrang erlebte das KaDeWe unmittelbar nach der Wende ab dem 10. November 1989. Bis zu 200.000 DDR-Bürger pro Tag stürmten in den Konsumtempel, bestaunten die unglaubliche Warenfülle des Westens und legten den Verkauf größtenteils lahm. In den 1990er-Jahren bekam das KaDeWe noch eine siebte Etage, ein Restaurant mit Glaskuppel schwebt nun über einem T-förmigen Grundriss. Seit 1994 gehört das Kaufhaus, wie auch die übrigen Warenhäuser des Hertie-Konzerns, zu Karstadt beziehungsweise zur Arcandor AG. Nach deren Insolvenz übernahm der Investor Nicolas Berggruen auch das KaDeWe. Für ihn funktioniert das Vorzeige-Kaufhaus so gut, dass er nichts daran ändern möchte.

Eine extravagante Geburtstagsparty

2007 feierte das KaDeWe seinen 100. Geburtstag. Zu diesem Anlass wurde eine 6,5 Meter hohe, siebenstufige Torte aus Marzipan, Sachertorte und Sandkuchen präsentiert, die das Kaufhaus symbolisieren sollte. Jeder, der an diesem 1. März ins KaDeWe kam, bekam ein Stück Torte und ein Glas Prosecco – kostenlos, versteht sich.

Die Feinschmeckeretage

Die bekannteste Attraktion des KaDeWe ist die sechste Etage des Kaufhauses, die Feinschmeckeretage.[9] Auf einer Verkaufsfläche von 7000 Quadratmetern bietet sie rund 34.000 Artikel aus aller Welt an – teilweise zum Kaufen, teilweise aber auch zum sofortigen Verzehr an einem der 30 exklusiven Gourmetstände. Im Schokoladenatelier können die Kunden zusehen, wie die Chocolatiers Schokoladen- und Pralinenspezialitäten zubereiten. In der Weinabteilung sind rund 3400 Weine von bedeutenden Weingütern aus aller Welt erhältlich – allein 60.000 Flaschen Champagner wandern hier jedes Jahr über den Ladentisch. Dazu kommen rund 1300 Käsesorten, etwa 1200 Wurst- und Schinkenspezialitäten sowie viermal pro Woche frischer Fisch und andere Meerestiere. Der Großteil der frischen Delikatessen wird in Paris ausgewählt und bestellt und zweimal pro Woche nach Berlin transportiert. Unsichtbare Luftabsaugvorrichtungen verhindern, dass die empfindsamen Nasen der Kunden von einem wilden Durcheinander verschiedenster Gerüche belästigt werden.

[9] Nach dem Reichstag und dem Brandenburger Tor ist das KaDeWe die drittbeliebteste Touristenattraktion der Bundeshauptstadt. 40.000 bis 50.000 Menschen besuchen jeden Tag das Kaufhaus, um die über 380.000 verschiedenen Artikel im Sortiment des Warenhauses zu bestaunen. Über 2000 Personen haben hier ihren festen Arbeitsplatz. 2008 machte das KaDeWe einen Umsatz von 300 Millionen Euro.

Städtebau und Warenhäuser

Von Anfang an wurden Warenhäuser in der Stadtmitte errichtet – dort, wo wichtige Straßen zusammenliefen und später U-Bahnen, Straßenbahnen und Busse vorbeikamen. So hatten sie eine große Laufkundschaft, die sich von den Auslagen der Schaufenster zu einem Besuch im Warenhaus verführen ließ.

Erfolg: auch eine Frage des Standorts

Bereits die ersten deutschen Warenhäuser lagen an verkehrsträchtigen Standorten: Wertheim und Leonhard Tietz in Stralsund, Karstadt in Wismar – beides Städte mit einer langen Handelsgeschichte. Auch später, als es Leonhard Tietz dann ins Rheinland zog, wählte er mit Köln eine alte Handelsstadt als Firmensitz. Lange Zeit über waren die historischen Innenstädte eng, schmutzig und laut gewesen, Parks oder Grünflächen gab es nicht. Kurz gesagt: Die Innenstädte waren eigentlich keine Orte, an denen man sich gerne aufhielt oder gar flanierte oder bummelte.

Das änderte sich gegen Ende des 19. Jahrhunderts, als zahlreiche städtebauliche Maßnahmen die Innenstädte veränderten. Überall in Deutschland wurden kleine Wohnhäuser abgerissen, um Platz für neue Verkehrsadern zu schaffen. Parks wurden angelegt und die Straßen verbreitert. Plötzlich war mehr Platz in den Innenstädten – Platz, den die Warenhäuser geschickt zu nutzen wussten. Zum ersten Mal wurden sie nun als reine Geschäftshäuser gebaut, ohne Wohnräume in den oberen Stockwerken. Wie prächtig diese Konsumtempel einst wirkten, kann man sich heute kaum mehr vorstellen, da die kleineren Gebäude in ihrer nächsten Umgebung im Zweiten Weltkrieg oft zerstört wurden.

Wiederaufbau nach dem Krieg

Im Gegensatz zu den Wohnhäusern überlebten die Warenhausbauten die Bomben des Zweiten Weltkrieges, denn mit ihrem Betonskelett konnten sie wieder aufgebaut und sogar erweitert werden. So wurden die Einkaufsstraßen nach dem Krieg schnell wiederbelebt. Zunächst öffneten nur die unteren Stockwerke der Kaufhäuser, nach und nach wurden auch die oberen Etagen wieder aufgebaut und mit Waren gefüllt. Auf der Rückseite der Häuser wurden nun Versorgungswege eingerichtet,

Die gläserne Chemnitzer Galeria-Kaufhof-Filiale ist ein Bau von Stararchitekt Helmut Jahn.

sodass man die Warenhäuser von hinten beliefern konnte. Wohnhäuser waren in der neuen Bebauung der Innenstädte kaum mehr vorgesehen – die Trennung von Wohn- und Arbeitsplatz war also endgültig vollzogen: Man wohnte außerhalb des Zentrums und fuhr zum Arbeiten und Einkaufen in die Stadtmitte.

Ein einheitliches Gesicht

In der Nachkriegszeit achteten die Warenhauskonzerne nun verstärkt darauf, ihren Filialen ein einheitliches Gesicht zu geben. Trotzdem sollten sich die Geschäfte in das Gesamtbild der Städte einfügen und zum Beispiel regionale Besonderheiten wie bestimmte Fassadenmaterialien aufgreifen.

Aussterben und Wiederbelebung der Innenstädte

In den 1970er-Jahren boten die Innenstädte vieler Großstädte ein tristes Bild, denn große Einkaufszentren zogen die Kauflustigen aus der Stadtmitte ab. Die Städteplaner wollten diese Innenstädte nun wieder beleben und mit Pflanzenkübeln, Skulpturen, Brunnen, Passagen und Plätzen ein neues Gesamterlebnis schaffen. Dazu sollten auch die Warenhäuser beitragen: Statt einförmiger Massenwaren sollten ihre Schaufenster wieder Exklusivität ausstrahlen. Heute gehen die Warenhäuser sensibler mit der vorhandenen Bausubstanz um. Gebäude werden behutsam erweitert und die historischen Bauwerke bleiben größtenteils erhalten.

Deutsche, verteidigt Euch
gegen die jüdische
Greuelpropaganda,
kauft
nur bei Deutschen!
Germans defend
yourselves against jewish
atrocity propaganda
buy only at German shops!
Deutsche!
Wehrt Euch!
Kauft nicht bei Juden!

Die Warenhausfamilien zur Zeit des Nationalsozialismus

Dunkle Stunden

‚Das' Warenhaus verkam seit den späten 20er-Jahren mehr und mehr zum Indikator für den Antisemitismus der [NSDAP].

Detlef Briesen, *Warenhaus, Massenkonsum und Sozialmoral*

IN DEN ERSTEN DREI JAHRZEHNTEN des 20. Jahrhunderts waren in Deutschland einige Warenhauskonzerne entstanden, die oft über eine Vielzahl von Filialen verfügten. Neben ihrem umfangreichen Sortiment und ihren neuen, revolutionären Geschäftspraktiken hatten die Warenhäuser noch eine weitere Gemeinsamkeit: Knapp 80 Prozent aller Warenhausinhaber waren jüdischer Herkunft.

Stimmung gegen die Warenhäuser

Schon lange bevor die Nationalsozialisten die Macht in Deutschland übernahmen, sahen sich die Warenhäuser immer wieder in der Kritik: Mit ihren niedrigen Preisen könnten die kleinen Einzelhändler nicht mithalten, so hieß es damals. Der NSDAP konnte es nur recht sein, dass viele Warenhausbetreiber jüdischer Herkunft waren – sie hatte ein perfektes Feindbild gefunden. Unter anderem forderte sie in ihrem Parteiprogramm die „sofortige Kommunalisierung der Groß-Warenhäuser und ihre Vermietung zu billigen Preisen an kleine Gewerbetreibende". Unter dem Vorwand, den Mittelstand schützen zu wollen, sollten die Warenhausinhaber enteignet werden.

Es kam der Jude und setzte dem deutschen Kaufmann die Warenhäuser vor die Nase, er vernichtete ihm mit der marktschreierischsten Reklame die Existenz.

Aus einem Versammlungsaufruf der NSDAP-Ortsgruppe Hattingen, März 1928

Immer wieder kam es in der Folgezeit zu Anschlägen gegen Warenhäuser. Am 5. März 1933 rief der „Völkische Beobachter", das Parteiorgan der NSDAP, zu einem Boykott „gegen jüdische Unternehmen sowie unerwünschte Betriebs-

Nationalsozialistischer Posten vor einem boykottierten jüdischen Geschäft in Berlin im April 1933

formen“ auf. Die Folge waren Tumulte, Zerstörungen und Übergriffe auf Personal und Kunden der Warenhäuser.

Auch wirtschaftlich versuchte die neue Regierung, die Warenhäuser zu schädigen: Die Gewerbesteuer für Warenhäuser wurde verdoppelt, auch eine zusätzliche kommunale Steuer mussten sie bezahlen. Doch die Unternehmen schafften auch Arbeitsplätze – nicht nur in den Häusern selbst, sondern auch bei den Zulieferern. Und die wollte das NS-Regime nicht gefährden. Deshalb verbot Rudolf Heß am 7. Juli 1933 jede weitere Aktion gegenüber den Warenhäusern und die Propaganda schwenkte auf eine rein antisemitische Linie um.

Enteignung und „Arisierung“

Zwischen 1933 und 1938 wechselten viele „jüdische Unternehmen“ den Besitzer. Offiziell wurden die Warenhäuser zwar verkauft, doch der Preis lag weit unter ihrem Marktwert. Zum Verkauf getrieben wurden die Warenhausinhaber meist von den Banken. Da durch die Weltwirtschaftskrise ihre Umsätze zurückgegangen waren, waren Kaufhäuser wie zum Beispiel Hermann Tietz auf Kredite angewiesen, um liquide zu bleiben, doch genau diese Kredite hielten die Banken nun zurück. Im Fall von Hermann Tietz wollten die Verantwortlichen der Dresdner Bank den Kredit nur ausbezahlen, wenn ein arischer Geschäftsführer eingesetzt würde. Georg und Martin Tietz und Hugo Zwillenberg, die

1938 bringen Hitlerjungen Zettel mit der Aufschrift „Jüdisches Geschäft“ an den Fenstern eines Ladens in Wien an.

Geräumtes, aufgegebenes jüdisches Geschäft während des Dritten Reiches mit antisemitischen Schmierereien auf den Schaufenstern

drei Geschäftsführer von Hermann Tietz, standen also vor der Wahl, ihr Geschäft entweder in fremde Hände zu geben oder es untergehen zu sehen. Die drei wurden von den Banken mit einem Entschuldungsplan konfrontiert, der auf eine sogenannte „kalte Enteignung" hinauslief: Sie wurden zwar nicht gezwungen, das Geschäft zu verkaufen, doch ihnen blieb faktisch keine andere Wahl. Sogar die Pässe wurden ihnen beim Treffen im Hotel Adlon abgenommen, um ihre Ausreise zu verhindern. Im März 1933 stand die Tietz-Gruppe vor dem Konkurs. Wirtschaftsminister Kurt Schmitt überzeugte Hitler davon, den angeschlagenen Konzern mit einem Kredit zu retten – zu viele Arbeitsplätze waren bedroht. Der Name der Warenhauskette wurde zu „Hertie" geändert und Georg Karg, einst Leiter des zentralen Textileinkaufs bei Hermann Tietz, stieg in die Geschäftsleitung ein. Wenig später verließ Hugo Zwillenberg die Geschäftsleitung, 1934 traten auch die Brüder Tietz zurück. Bei den anderen großen Kaufhauskonzernen lief es ähnlich ab. Auch ihre Namen wurden geändert, um die ehemaligen Besitzer auch aus dem deutschen Sprachgebrauch auszumerzen: Aus der „Leonhard Tietz AG" wurde die „Westdeutsche Kaufhof AG" und „Wertheim" wurde zur „Allgemeinen Warenhaus Gesellschaf AG", kurz „AWAG".

Der Braunschweiger Warenhaussturm

Im Freistaat Braunschweig initiierte die nationalsozialistische Führung am 11. März 1933 eine Gewaltaktion gegen „jüdische Kaufhäuser". Drei Kaufhäuser, darunter auch eine Karstadt-Filiale, wurden von angeblichen Zivilisten – in Wirklichkeit jedoch SS-Angehörige in Zivilkleidung – gestürmt. Sie warfen die Schaufenster ein, zerstörten die Inneneinrichtung und griffen Kunden tätlich an.

Die ehemaligen Besitzer: Flucht ins Ausland

Die ehemaligen Besitzer der Warenhauskonzerne hatten Glück im Unglück: Da sie über ausreichend finanzielle Mittel und Verbindungen ins Ausland verfügten, konnten sie Deutschland verlassen und sich so vor dem wahrscheinlichen Tod im Konzentrationslager retten.

C. Graham del.

KAPITEL 5

Weltweite Nachfrage

Siegeszug rund um den Globus

Mit Herzmansky und Gerngroß in Wien, La Rinascente in Italien und El Corte Inglés in Madrid werden in anderen Ländern eindrucksvolle Warenhaustraditionen begründet. Auch außereuropäisch prägen Unternehmerpioniere die moderne Konsumwelt – und in Deutschlands Nachbarland, der Schweiz.

Josef Weber und sein „Bazar ohne Gleichen“ in Zürich

Bewegte Geschichte

Globus ist immer neu, inspirierend, wertig, kompetent und persönlich.

Globus-Unternehmensleitsatz

IN DER SCHWEIZ war es ein gewisser Josef Weber, der von den mondänen Vorbildern aus Paris so sehr beeindruckt war, dass er sein eigenes Warenhaus gründete: Der „Bazar ohne Gleichen“ öffnete 1892 auf der Papierwerdinsel an der Bahnhofsbrücke in Zürich seine Türen und war somit das erste Warenhaus in Zürich. Josef Weber, der Sohn eines reichen Händlers, setzte auf die bewährten Verkaufsprinzipien aus Paris: Er bot alles unter einem Dach, ohne Kaufzwang und zu festen Preisen, die bar bezahlt werden mussten. Eine große Attraktion waren die elektrisch beleuchteten Schaufenster und die vielen Neuheiten, die er in seinem Warenhaus präsentierte und die es sonst nirgendwo in Zürich zu kaufen gab. Sein Konzept ging auf, aber nicht für lange: Schon nach einem Jahr waren Webers Kassen leer und er suchte nach einem Geldgeber. Diesen fand er in der Person des Bankiers Heinrich Burkhardt, der zunächst als Geschäftspartner in den Bazar ohne Gleichen einstieg und kurz darauf das Warenhaus kaufte. Auch Burkhardt musste erst Misserfolge einstecken, bevor sich seine Investition lohnte. 1907 wandelte er sein Geschäft in eine Aktiengesellschaft mit einem Kapital von 2,5 Millionen Schweizer Franken um und nannte sie „Magazine zum Globus AG“. Gleichzeitig änderte er den Namen des Warenhauses in den heutigen – der „Globus“ war geboren.

Internationalität und ein Hauch von Luxus

Die Globus-Kette: vom einfachen Schweizer Warenhaus zum Luxustempel mit hochpreisigen Waren

Während zu Beginn der Unternehmensgeschichte noch viel Wert auf das Image als „Schweizer Warenhaus“ gelegt wurde, bei dem rund 85 Prozent der verkauften Waren von einheimischen Lieferanten stammten, wurde das Sortiment ab den 1950er-Jahren langsam internationaler. Den Auftakt bildete 1954 die Italienaktion „L’Italia al lavoro“ mit 3000 Artikeln – die Schweizer wollten nun auch in der Heimat nicht mehr auf die Produkte verzichten, die sie im Italienurlaub kennengelernt hat-

GLOBUS
ENTDECKEN
SIE
DAS NEUE
PARADIES
GLOBUS
GLOBUS

Historische Aufnahme des Globus-Stammhauses auf der Papierwerdinsel in Zürich

ten. Große Erfolge waren auch die USA-Aktion von 1956 und die erste Indienaktion 1960. Auch die Zielgruppe des Warenhauses änderte sich: Statt Waren für den Mittelstand werden heute Produkte im oberen Preissegment in den Bereichen Mode, Schönheit, Wohnen und Genuss angeboten. Ein Drittel des Umsatzes wird mit Mode gemacht, ein weiteres Drittel mit Gastronomie, vor allem in der Lebensmittelabteilung „***delicatessa".

Savoir vivre.

Slogan der Magazine zum Globus (2009)

Das Flagschiff an der Bahnhofstraße

Nach dem Zweiten Weltkrieg wollte Globus auf der Papierwerd einen neuen Hauptsitz errichten und zog während der Bauarbeiten in ein Gebäude zwischen Bahnhofstraße und Löwenplatz um – nur vorübergehend, wie die Geschäftsleitung meinte. In einer Volksabstimmung 1951 wurde das Bauprojekt auf der Papierwerd jedoch abgelehnt. Doch was zunächst wie ein herber Rückschlag für das Unternehmen aussah, erwies sich als Glück im Unglück: Der neue Standort an der Bahnhofstraße stellte sich als äußerst günstig heraus und das Unternehmen beschloss, dort zu bleiben und ein neues Haus bauen zu lassen. Nur für kurze Zeit, während das neue Gebäude an der Bahnhofsstraße eröffnet wurde, zog das Kaufhaus in ein provisorisches Gebäude, das sogenannte „Globusprovisorium", auf der Papierwerd zurück. 1967 wurde der Neubau an der Bahnhofstraße eröffnet. Auch im Inneren hatte sich viel getan: Ganz neu war die Gliederung der Waren in Erlebniswelten. Auf „Bühnen" fand der Kunde nun alles vereint, was er auch im Alltag gemeinsam benötigt, zum Beispiel alles für die Reise, alles für einen festlich gedeckten Tisch und so weiter. Globus wandelte sich von einem reinen Einkaufsgeschäft zu einem „Ideenhaus". In den folgenden Jahren konzentrierte sich das Warenhaus stark auf den Kundenservice, den „persönlichen Globus", der noch heute einer der Unternehmensschwerpunkte ist. Zwischen 2003 und 2006 wurde das Stammhaus, das auch immer noch die umsatzstärkste Filiale ist, umfassend modernisiert.

Expansion in den Rest der Schweiz

1967 eröffnete Globus eine Filiale in Bern, 1975 auch im Einkaufszentrum Glatt. 1996 übernahm Globus von seinem Konkurrenten Jelmoli zwölf Warenhäuser, darunter so bekannte Häuser wie „Innovation" in Lausanne, „Aux Armourins" in Neuenburg, „Jelmoli" in Luzern, „Grand Passage" in Genf und „Innovazione" in Locarno. Nun war das Unternehmen auch im französisch- und italienischsprachigen Teil der Schweiz vertreten. Das Warenhaus Globus ging noch auf eine ganz andere Weise in die Schweizer Geschichte ein. Am 29. Juni 1968 kam es in Zürich zu einer Auseinandersetzung zwischen jugendlichen Demonstranten und der Polizei. Anlass war eine Entscheidung des Zürcher Stadtrats, das zu dieser Zeit leer stehende Globusprovisorium nicht als autonomes Jugendzentrum zur Verfügung zu stellen. Mit einer Demonstration wollten die Jugendlichen auf ihr Anliegen aufmerksam machen, und so versammelten sich etwa 2000 Personen vor dem Globus-Gebäude. Als die Polizei versuchte, den Platz zu räumen, kam es zu Auseinandersetzungen mit den Demonstranten, bei denen es auf beiden Seiten Verletzte gab. Zahlreiche Demonstranten wurden verhaftet und im Keller des Globusprovisoriums eingesperrt. Dort sollen sie von der Polizei grob misshandelt worden sein, was zu großen Kontroversen in der Schweiz führte.

Globi – der Liebling der Schweizer Kinder

Maskottchen der Warenhauskette Globus ist „Globi": ein blauer Papagei-Mensch, der eine rot-schwarz karierte Hose und eine Baskenmütze trägt. Er wurde 1932 zum 25-jährigen Firmenjubiläum vom Zeichner Robert Lips im Auftrag des Globus-Werbeleiters Ignatius Karl Schiele geschaffen und sollte in der Werbung des Warenhauses vor allem die Kinder ansprechen. Seine Abenteuer erlebte Globi zuerst in Cartoons, ab 1935 dann auch in Büchern. Noch heute erscheinen in der Schweiz fünf bis acht Globi-Bücher pro Jahr. Außerdem ziert der blaue Kinderliebling Uhren, T-Shirts, Geschirr und viele weitere Produkte.

Verkauf an die Migros

1997 wurden die „Magazine zum Globus" für 700 Millionen Schweizer Franken an die Migros, das größte Schweizer Einzelhandelsunternehmen, verkauft. Diese führte Globus noch neun Jahre als eigenständiges Unternehmen weiter, seit 2007 sind die einzelnen Unternehmen der früheren Globus-Gruppe selbstständige Unternehmen innerhalb des Migros-Konzerns. Heute hat das Unternehmen 14 Filialen an den besten Adressen in allen großen Schweizer Städten. 3500 Mitarbeiter sorgen dafür, dass kein Kundenwunsch unerfüllt bleibt.

GUM in Moskau

Russisches Meisterwerk

Was auch Magen, Körper und Geist benötigen, GUM liefert es!

Werbeslogan 1957

EINEN „LUXUSTEMPEL" hätte man lange Zeit nicht in der russischen Hauptstadt Moskau vermutet. Doch seit dem Zusammenbruch der Sowjetunion ist das Kaufhaus GUM wieder ein edles Einkaufszentrum – so wie es Ende des 19. Jahrhunderts geplant worden war. Die Abkürzung GUM steht für „Glawny Uniwersalny Magasin" und bedeutet „Hauptkaufhaus" und auch im russischen Volksmund wurde das GUM von Anfang als Kauf- oder Warenhaus bezeichnet.

Das Produkt eines Ideenwettbewerbs

Das GUM liegt mitten im historischen Herzen der russischen Hauptstadt, am Roten Platz, direkt gegenüber dem Lenin-Mausoleum und dem Kreml. Die Gegend um den Roten Platz war bereits ab dem 17. Jahrhundert vom Handel geprägt. In den umliegenden Straßen wurde mit Gemüse, Fisch, Butter, aber auch mit Gold, Silber und Seide gehandelt. Schon früh gab es Bestrebungen, diese ungeordneten Aktivitäten zu bündeln: Ende des 18. Jahrhunderts wurden sogenannte Handelshäuser errichtet, die ähnlich wie die Basare in Paris mehrere Händler unter einem Dach vereinen sollten. In der Folgezeit entstanden in den „Oberen Handelsreihen" am Roten Platz mehrere Gebäude, die als Vorläufer des GUM gesehen werden können.

In den 1880er-Jahren schlug ein Kaufmann vor, ein dreistöckiges Gebäude nach zeitgemäßen Standards errichten zu lassen. Er fand genügend Geldgeber für sein Projekt und so wurde im Mai 1888 die Aktiengesellschaft „Gesellschaft der Oberen Handelsreihen am Roten Platz in Moskau" gegründet. Sie schrieb einen Ideenwettbewerb für die neuen Handelsreihen aus, bei dem insgesamt 23 Entwürfe eingereicht wurden. Der erste Preis ging schließlich an den Entwurf des Architekten Alexander Pomeranzew und des Ingenieurs Wladimir Schuchow. Nachdem auch Zar Alexander III. diese Entscheidung abgesegnet hatte, konnte am 21. Mai 1890 der Grundstein für das neue Gebäude gelegt werden.

An zentraler Stelle auf dem Roten Platz in Moskau befindet sich das edle Kaufhaus GUM.

Delikatessengeschäft im traditionsreichen Kaufhaus GUM auf dem Roten Platz in der russischen Hauptstadt Moskau

Das GUM-Gebäude

Noch heute ist das GUM-Gebäude, das zwischen 1890 und 1893 errichtet wurde, eine Sehenswürdigkeit für sich. Es vermischt westeuropäische neoklassizistische Elemente mit Einflüssen aus der russisch-traditionalistischen Architektur des 15. und 16. Jahrhunderts. Vor allem an der Fassade überwiegt der altrussische Stil, denn das Kaufhaus sollte sich in die Umgebung am Roten Platz einfügen. So erinnern die spitzen Türme im Mittelbereich das Kaufhauses an die Kreml-Türme und die Bogenfenster greifen ein zentrales Element russisch-orthodoxer Kirchen auf. Andere Details des Kaufhauses, wie zum Beispiel die arkadenähnlichen Eingangsportale, spiegeln dagegen westeuropäische Strömungen wider. Im Inneren gab sich das Kaufhaus jedoch von Anfang an voll und ganz modern, denn es sollte Russlands Verbundenheit mit Westeuropa und der Moderne demonstrieren. Noch heute spektakulär sind die Dachkonstruktionen über den drei Längspassagen, in denen rund 60.000 Glasscheiben zum Einsatz kamen.

Ein wahrer Publikumsmagnet

Als das Kaufhaus am 2. Dezember 1893 eröffnete, war das russische Publikum begeistert. Das Glasdach ließ viel Helligkeit ins Innere des Gebäudes einströmen und sorgte so für natürliches Licht. Technische Innovationen wie eine Zentralheizung, elektrisch betriebene Aufzüge und ein Generator im Kellergeschoss brachten das Kaufhaus auf den Stand mit Häusern in Paris, New York oder London. Aus allen Ecken Moskaus – das damals bereits eine Million Einwohner zählte – und weit aus dem Umland strömten die Menschen an den Roten Platz, um den neuen Einkaufspalast zu bestaunen, in dem man sogar im kalten russischen Winter wunderbar flanieren konnte. Wirklich einkaufen konnten dort jedoch nur die wenigsten, denn das Angebot der 350 Läden richtete sich vor allem an die finanziell besser gestellten Moskauer. Sie konnten sich hier mit Pelzen und modischer Kleidung, Parfums aus dem In- und Ausland, Möbeln und Schmuck, Süßigkeiten und anderen Delikatessen eindecken. Neu waren auch die festen Preise, denn bis dahin war auf den Straßen Moskaus um jeden Rubel gefeilscht worden. Darüber hinaus wartete das Kaufhaus mit einer ganzen Reihe von Dienstleistungen auf: Mehrere Gastronomiebetriebe sorgten für das leibliche Wohl, es gab eine Bank, eine Post, und wer im Süßwarengeschäft auf harten Krokant biss, konnte sich beim hauseigenen Zahnarzt behandeln lassen. Die Oberen Handelsreihen entwickelten sich schnell zum wirtschaftlichen und gesellschaftlichen Zentrum des Lebens in Moskau – nicht nur in Russland waren sie beliebt. Sie galten als eines der besten Warenhäuser weltweit und zogen zahlreiche Kunden aus dem Ausland an. So hätte es noch lange weitergehen können, doch die russische Geschichte wollte es anders …

Nationalisierung und Schließung nach der Oktoberrevolution

Nach der Oktoberrevolution von 1917 begannen die Bolschewiki, die Oberen Handelsreihen zu nationalisieren. Die Ladenbesitzer wurden enteignet, ihre Geschäfte wurden geschlossen. 1921, unter Lenins Neuer Ökonomischer Politik, lebte der Handel kurzzeitig wieder auf – zu dieser Zeit erhielt das Warenhaus auch den Namen „GUM“. Von der früheren Pracht und Warenfülle war nun allerdings nichts mehr zu sehen: Im GUM gab es lediglich Alltagsgegenstände und Propagandaartikel wie rote Fahnen oder Bilder sowjetischer Machthaber. Anfang der 1930er-Jahre kam dann das erneute Aus für das Warenhaus: Der Handel wurde eingestellt, die Räumlichkeiten wurden von Staatsorganisationen belegt.

In den ehemaligen Läden wurden nun Ministerien untergebracht.

Die Wiedereröffnung 1953

Kurz nach Stalins Tod im Jahr 1953 beschloss der Ministerrat der UdSSR, das GUM als Kaufhaus wiederzueröffnen. Den Anstoß dazu gab der spätere Staatschef Nikita Chruschtschow, der das GUM zu einem Vorzeige-Kaufhaus der Sowjetunion machen wollte. Das Gebäude wurde innen und außen renoviert und öffnete schließlich am 24. Dezember 1953 erneut seine Türen für das Publikum. Chruschtschows Plan ging auf: Während in anderen Läden und Kaufhäusern in der Sowjetunion der für sozialistische Staaten typische Warenmangel herrschte und sich die Kunden oft vor leeren Regalen wiederfanden, gab es im GUM alles – wenn auch nicht offiziell. In einer geheimen Abteilung konnten sich Staatsbedienstete mit hochwertigen Waren, die oft sogar aus dem Westen stammten, eindecken. Überschüssige Bestände gelangten oft in den normalen Verkauf – lange Schlangen vor den Eingängen des Warenhauses waren die Folge.

Nach dem Zusammenbruch der Sowjetunion 1990 wurde schnell eine neue Betreiber-Aktiengesellschaft „Warenhaus GUM“ gegründet. Die Verkaufsfläche wurde an private Einzelhandelsunternehmen vermietet und das GUM entwickelte sich erneut zu einem vornehmen Einkaufstempel.

Warenmangel und „Konsumkultur" im Kommunismus

Die sozialistischen Länder in Osteuropa, darunter auch die DDR, waren von einer Mangelwirtschaft geprägt: Es fehlte an beliebten Waren, obwohl die Nachfrage – und oft auch das Geld – durchaus vorhanden war. Vor allem bei Ersatzteilen und Luxusgütern war die Nachfrage erheblich größer als das Angebot. Die Folge waren lange Warteschlangen vor den Geschäften, wenn einmal doch die heiß ersehnten Waren – zum Beispiel Schokolade oder Südfrüchte – eintrafen. Und die Wartezeiten konnten lang sein: Auf eine Wohnung mussten Familien in der Regel fünf Jahre lang warten, auf ein Telefon zehn Jahre und auf einen „Trabi" oder einen „Wartburg" sogar 15 Jahre.

Doch die Bürger in der DDR und in anderen sozialistischen Staaten waren erfinderisch: Sie versorgten sich in Kleingärten selbst und führten einen regen Tauschhandel ein. Erfinderische Bastler bauten sich oft selbst, was sie in den Läden nicht kaufen konnten: Das reichte von Antennenanlagen, um westliche Fernseh- und Radioprogramme empfangen zu können, bis hin zu Autoersatzteilen und Radios Marke Eigenbau. Ab 1974 konnten DDR-Bürger, die im Besitz von „harten" Währungen wie der D-Mark waren, auch in den Intershops einkaufen, die eigentlich als Duty-Free-Shops für durchreisende Ausländer gedacht waren und so viele Westwaren im Angebot hatten.

Centrum: eine Warenhauskette in der DDR

Insgesamt 17 Niederlassungen in der gesamten DDR unterhielt die Warenhauskette Centrum. Nach der Teilung Deutschlands wurden die Filialen oftmals in Kaufhausbauten eingerichtet, die einst von Leonhard oder Hermann Tietz oder Karstadt errichtet worden waren. Hier gab es alles, was DDR-Bürger für den Alltag brauchten, aber eben nicht mehr. Nach der Wende wurden die Centrum-Warenhäuser unter den westdeutschen Kaufhausketten aufgeteilt. So ist zum Beispiel im ehemaligen Centrum am Berliner Alexanderplatz heute die Galeria Kaufhof zu Hause.

Sonderverkäufe für Parteifunktionäre

Entgegen seinen Forderungen waren auch im Kommunismus nicht alle Menschen gleich, einige waren eben ein bisschen gleicher. In der

DDR konnten hohe SED-Funktionäre und Generäle der NVA an Sonderverkaufsstellen Westwaren zu Ostpreisen erstehen – ein Einkaufserlebnis, das den „Normalbürgern“ verwehrt blieb.

Auch im russischen Luxuskaufhaus GUM konnten sich sowjetische Eliten in einer geheimen Abteilung mit Westwaren eindecken. Immer wieder kamen dabei überschüssige Bestände in den regulären Verkauf – zur Freude der Konsumenten, die oft eine weite Anreise aus der russischen Provinz auf sich nahmen, um besonders begehrte Ware zu ergattern. Deshalb bildeten sich jeden Morgen, oft schon Stunden vor Ladenöffnung, lange Schlangen vor dem GUM. Die Leute wussten oft gar nicht, ob es an diesem Tag etwas Besonderes geben würde, und wenn ja, was es dort gab – sie stellten sich eben einfach an. Das gefiel der sowjetischen Staatsführung natürlich überhaupt nicht, denn was sollten die Touristen denken, wenn sie sahen, welche Anstrengungen die Russen auf sich nahmen, nur um etwas Schokolade zu kaufen? Schnell wurde die Forderung laut, das GUM solle geschlossen oder abgerissen werden, doch stattdessen schloss man lediglich den Haupteingang am Roten Platz. Nun stellten sich die kauflustigen Russen in den Nebenstraßen an und blieben so für die Touristen unsichtbar.

Kinderabteilung des Centrum-Warenhauses in Görlitz Mitte der 1970er-Jahre

EPT. AT NIHOMBASHI, TOKYO.
（東京名勝）日本橋、三

Lange Traditionen in Asien

Mehr als Samt und Seide

Wenn man auf die Schnelle ein feierliches Gewand benötigt, lässt das Geschäft die Diener warten und die Aufmachung sofort von mehreren Dutzend seiner eigenen Schneider fertigen … Das ist ein Beispiel eines wirklich guten Kaufmanns.

Ein zufriedener Kunde von Mitsukoshi im 18. Jahrhundert

Mitsukoshi in Japan – ein Kimonohändler zieht in die Welt

MIT DEM VERKAUF VON KIMONOS begann das japanische Kaufhaus Mitsukoshi – und zwar bereits im Jahr 1673. Heute ist Mitsukoshi eine der drei größten japanischen Kaufhausketten.

Auf der Flucht vor einem Samurai

Die Geschichte von Mitsukoshi beginnt im Jahr 1673: Damals floh ein Adliger aus dem Geschlecht Mitsui aus Echigo vor einem Samurai und suchte in der Stadt Matsusaka Zuflucht. Matsusaka war ein Handelszentrum, nicht weit von einem Hafen gelegen, und da der Adlige nun kein Geld mehr aus seinen Ländereien beziehen konnte, verzichtete er auf seinen Adelstitel und wurde Kaufmann. Zunächst versuchte er sein Glück mit selbst gebrautem Sake und Sojasauce, doch der Erfolg stellte sich erst ein, als sein Sohn Mitsui Sokubei Takatoshi und seine Frau Shuho, die Tochter eines erfolgreichen Kaufmanns, die Geschäfte in die Hand nahmen. 1673 eröffneten sie ein Stoffgeschäft, das sie „Echigo-ya" in Erinnerung an ihre noble Herkunft nannten. Die Geschäfte liefen gut, doch sie wurden noch besser, als Echigo-ya zehn Jahre später auf eine komplett neue Marketingstrategie setzte: Anstatt die reichen Kunden (die „Normalbevölkerung" kaufte zu dieser Zeit noch kaum ein) zu besuchen und ihnen die Kimonos in ihrem eigenen Haus zu präsentieren, eröffneten die Mitsuis einen Laden, in dem die Kunden die Kimonos begutachten und kaufen konnten. Und die Kunden mussten bar bezahlen – auch das war eine durchgreifende Änderung, denn bisher zahlten die Reichen erst dann, wenn sie Geld (oder Reis) von ihren Pächtern eingetrieben hatten. So sparte sich Mitsui Sokubei Takatoshi die Reisekosten und konnte diese Ersparnisse in der Form von günstigeren Preisen an seine Kunden weitergeben.

Das Mitsukoshi begann seine erfolgreiche Laufbahn im 17. Jahrhundert mit dem Verkauf von Kimonos.

Auch hatte ihr Laden feste Preise – und war damit dem Le Bon Marché, das diese Geschäftsmethoden in Europa einführte, um 170 Jahre voraus. Schon bald konnte ein zweites Geschäft in Edo, dem heutigen Tokio, eröffnet werden. Und nicht nur das: Damit die Kunden vor Ort Geld wechseln konnten, eröffnete Mitsui Sokubei Takatoshi eine Bank – die Geburtsstunde der japanischen Mitsui Bank, heute Sumitomo Mitsui Banking Corporation. Doch die größte Veränderung, die Echigo-ya bewirkte, war, dass nun jedermann dort einkaufen konnte. Bisher wurde Stoff nämlich nur in Ballen verkauft, doch Echigo-ya gab ihn auch in kleineren Mengen zu günstigeren Preisen ab. Nun konnten sich auch die kleinen Leute einen Einkauf bei ihm leisten – und das taten sie in solchen Mengen, dass bald weitere Niederlassungen dazukamen.

Bitte Schuhe ausziehen

Bis zur Zerstörung des Kaufhauses durch das Erdbeben von 1923 mussten Besucher bei Mitsukoshi am Eingang des Warenhauses ihre Schuhe ausziehen – so wie es auch in japanischen Privatwohnungen gang und gäbe ist. Damit sie nicht barfuß oder auf Strümpfen das Kaufhaus durchstreifen mussten, standen Baumwollpantoffeln für die Kunden bereit.

Japan öffnet sich für den Westen

Gegen Ende des 19. Jahrhunderts geriet das Unternehmen in Schwierigkeiten: Die Familie Mitsui war für so viele verschiedene Geschäfte und Geschäftszweige verantwortlich, dass sie nur schwer den Überblick behalten konnte. Hinzu kam eine neue Konkurrenz: Japan öffnete sich für den Außenhandel und westliche Ideen und Produkte gelangten in das Land der aufgehenden Sonne – und mit diesen mussten die Mitsuis mithalten. Sie stellten als Manager Rizaemon Minomura ein, der Ordnung in ihre Geschäfte brachte. Er trennte sich von unprofitablen Läden, behielt jedoch Anteile an denjenigen, in denen er noch Potenzial sah. Eines dieser Geschäfte mit Potenzial war die Echigo-ya-Filiale in Tokio. Sie wurde von einer verwandten Familie namens Mitsukoshi übernommen und hatte von da an großen Erfolg. 1896 erweiterte sie ihr Sortiment auf Kurzwaren. Die Mitsukoshis knüpften an den guten Ruf des Unternehmens Mitsui an, wollten aber gleichzeitig auch aus der Neugier der Japaner auf westliche Produkte Kapital schlagen und stellten deshalb einen französischen Designer ein, der eine neue Modeabteilung kreieren sollte. Und dieses Konzept kam an.

Japans erstes Kaufhaus

Es lief sogar so gut an, dass der neue Geschäftsführer Osuke Hibi 1904 den großen Sprung wagte und Mitsukoshi zu Japans erstem modernen Kaufhaus machte, das sich an den Warenhäusern der USA orientierte. Nun gab es dort neben Mode und Kurzwaren auch Schmuck, Koffer und Lebensmittel, außerdem fanden in seinen Räumen immer wieder Ausstellungen und andere kulturelle Events statt. In den folgenden zehn Jahren wurde Mitsukoshi zur ersten Adresse für hochwertige Waren, die sich die meisten Menschen nun auch leisten konnten. Das Kaufhaus zog in ein neues Gebäude im Renaissance-Stil, das Japans erste Rolltreppe besaß. Nicht einmal der Erste

Weltkrieg konnte den Erfolg von Mitsukoshi dämpfen, doch eine Naturkatastrophe schaffte es: Am 1. September 1923 bebte die Erde und zerstörte neben Tausenden anderen Gebäuden auch das Kaufhaus Mitsukoshi. Es wurde wieder aufgebaut, moderner als je zuvor – als Hochhaus, mit vielen technischen Innovationen.

Auf und Ab im 20. Jahrhundert

Nach dem Zweiten Weltkrieg stieg Mitsukoshi schnell wieder in den Handel ein und bekämpfte den Schwarzmarkt mit Festpreisen. In den 1960er- und 1970er-Jahren wuchs das Unternehmen rasant, vor allem auch durch die vielen technischen Innovationen der Japaner. Erst in den Achtzigern ging der Gewinn zurück, doch noch immer eröffnete das Unternehmen neue Filialen. 1989 wagte es einen Vorstoß in die westliche Geschäftswelt: Mitsukoshi erwarb Anteile am amerikanischen Schmuckunternehmen Tiffany & Co. In den 1990er-Jahren brachen die Umsätze von Mitsukoshi dramatisch ein. Zugleich wurde die Mehrwertsteuer in Japan erhöht und die verunsicherten Japaner kauften weniger ein. Trotzdem eröffnete Mitsukoshi im Oktober 1997 eine neue Filiale in Fukuoka: 180.000 Menschen drängten am Eröffnungstag in das Kaufhaus. 2008 fusionierte Mitsukoshi mit Isetan, einer anderen großen japanischen Warenhauskette. Gemeinsam bilden sie nun die Isetan Mitsukoshi Holdings Ltd.

Mitsukoshi im Ausland

Mitsukoshi nahm immer wieder an Weltausstellungen und Messen teil und wurde so auch über die Landesgrenzen hinaus bekannt. Ab 1971 eröffnete das Kaufhaus Filialen im Ausland, darunter in Paris, Hongkong, London und Rom. [10]

Nachtaufnahme der Filiale von Mitsukoshi an der Ginza, der Haupteinkaufsstraße in Tokio

[10] Auch in Deutschland hatte das japanische Kaufhaus einige Filialen. Die Niederlassung am Berliner Kurfürstendamm existierte nur sehr kurz, da es keine Direktflüge zwischen Japan und Berlin gab und so die Zahl der japanischen Touristen – die Hauptzielgruppe – hinter den Erwartungen zurückblieb. Die Filialen in Frankfurt am Main, München und Düsseldorf waren zwar etwas erfolgreicher, wurden jedoch 2008 und 2009 ebenfalls wieder geschlossen.

Lane Crawford – schottischer Geschäftssinn setzt sich durch

[Lane Crawford ist] ein Juwel für all jene, die hier leben und arbeiten, aber sich nach dem eleganten Charme der alten Welt … sehnen.

Suzy Gershman, *Born to Shop Hong Kong*

Luxuswaren in Hülle und Fülle – das können die Chinesen bei Lane Crawford in Hongkong und Peking kaufen. Seit 1850 gibt es das Kaufhaus, das heute fünf Filialen in Hongkong und eine in der chinesischen Hauptstadt besitzt.

Gegründet von zwei Schotten
Seine erste Anlaufstelle für Designerwaren hat Hongkong zwei Schotten zu verdanken: Thomas Ash Lane und Ninian Crawford eröffneten 1850 am Hafen, in der heutigen Des Voeux Road, ein Geschäft in einem provisorischen Bambus-Gebäude. Es begann als Schneiderei und Bekleidungsgeschäft, war im Laufe seiner Geschichte aber auch schon ein Stoffladen, eine Lebensmittelhandlung, ein Auktionshaus für Antiquitäten, ein Wein- und Spirituosengeschäft, eine Bäckerei, ein Restaurant und eine Bar, bis es sich auf seine heutige Zielgruppe spezialisierte und Luxuswaren berühmter Designer zu verkaufen begann. Schon früh, zu Beginn des 20. Jahrhunderts, expandierte das Unternehmen auch ins übrige China – nach Kanton und Shanghai – und nach Japan, wo es sich in Kobe und Tokio niederließ.

Nach dem Zweiten Weltkrieg musste das Kaufhaus wieder ganz von vorn beginnen. Nun verlegte es sich auf Import und Export, nicht nur von Lebensmitteln, sondern auch von Luxuswaren wie Kosmetik und Perlen. Einen Großteil seines Umsatzes machte Lane Crawford mit Schmuck: 1978 waren es sogar 60 Prozent.

Das chinesische Harrods: Blick in die Abteilung für Damen- und Herrenbekleidung von Lane Crawford an der Canton Road

Ein luxuriöses Gebäude für ein besonderes Angebot
2004 eröffnete Lane Crawford im Einkaufszentrum „ifc mall“ ein neues, Maßstäbe setzendes Gebäude: Neben einem herrlichen Blick über den Hafen der chinesischen Metropole bietet es eine Verkaufsfläche von 7600 Quadratmetern, in der sich galerieartig Räume aneinanderreihen. Dort werden nicht nur Designermode

und andere Lifestyle-Artikel präsentiert, sondern auch moderne Malerei und andere Kunstwerke. In den folgenden Jahren kamen weitere Filialen in Hongkong und eine in Peking hinzu.

Lane Crawford ist heute nicht mehr so sehr Warenhaus als vielmehr ein Spezialgeschäft für Luxuswaren. Neben Damen- und Herrenbekleidung, Schuhen und Accessoires sind dort auch Kosmetik, Schmuck und „Wohn- und Lifestyle"-Artikel aus aller Welt erhältlich. Rund 600 verschiedene Modemarken aus dem oberen Preissegment gehören zum Sortiment. Zusätzlich stehen den Kunden Dienstleister wie Stylisten und Kosmetiker zur Verfügung.

Lane Crawford hat sich inzwischen von einem Warenhaus in ein Spezialgeschäft gewandelt.

Der Ort, an dem Sie alles kaufen können: von der Nadel bis zum Anker.

Slogan von Lane Crawford (1899)

Eine Zielgruppe für diese exklusiven Waren gibt es im kommunistischen China allemal: Nirgendwo sonst steigt die Zahl der Millionäre so rasant wie im Reich der Mitte. Und ein Drittel aller chinesischen Millionäre sind Frauen, für die teure Mode nicht nur ein Statussymbol ist, sondern auch als Brücke in den Westen fungiert. Ihren neuen Reichtum stellen die Chinesen und Chinesinnen nur zu gern mit den Logos bestimmter Designermarken zur Schau und davon konnte auch Lane Crawford profitieren. Hier sind viele Designer mit Kollektionen vertreten, die in Europa topmodern, in China aber noch relativ unbekannt sind, wie zum Beispiel Alexander McQueen und Stella McCartney. In den Modenschauen von Paris, London, Mailand und New York sitzen die Einkäufer des chinesischen Luxushändlers nun neben denen von Neiman Marcus oder Bergdorf Goodman, und die chinesische Ausgabe der „Vogue" bringt die neuesten Trends in die Wohnzimmer der Chinesinnen.

Zum Einkaufen zieht es auch viele Landsleute aus dem übrigen China nach Hongkong, denn dort gibt es keine Mehrwertsteuer und Luxuswaren sind rund 30 Prozent günstiger als auf dem Festland. Und wer sich das Original bei Lane Crawford immer noch nicht leisten kann, kann auf den zahlreichen Märkten in Hongkong und Peking eine billige, aber oft gut gemachte Kopie erwerben …

Von London in die weite Welt – der globale Erfolg der Debenhams

Debenhams ist eigentlich eine britische Warenhauskette, hat jedoch zahlreiche Lizenzen vergeben und ist nun in über 20 Ländern auf der ganzen Welt vertreten.

Mit Trauerkleidung zum Erfolg

Gegründet wurde Debenhams im Jahr 1778 von zwei Herren namens Flint und Clark. Sie betrieben in der Wigmore Street im Londoner West End einen Laden namens „Flint & Clark", in dem sie teure Stoffe, Hauben, Handschuhe und Sonnenschirme verkauften. 1813 stieg dann der erst 19-jährige William Debenham (1794–1863) in das Geschäft ein, das sich fortan „Clark & Debenham" nannte. 1818 kam eine Niederlassung in Cheltenham dazu. Den größten Teil seines Umsatzes machte das Geschäft mit viktorianischer Trauerkleidung, denn zu dieser Zeit galten für Witwen und andere weibliche Trauernde strenge Kleidungsvorschriften. Während sich Debenham ganz auf dieses Geschäft konzentrierte, gründete Thomas Clark einen weiteren Laden: „Cavendish House", der später in der schottischen Warenhauskette House of Fraser aufging.

William Debenhams Nachfolger wurde sein Sohn, der ebenfalls William hieß. Er nahm 1851 Clement Freebody in die Geschäftleitung auf und der Firmenname änderte sich erneut: Das Geschäft hieß nun „Debenham & Freebody". Neben den Einzelhandelsgeschäften zogen die beiden einen Großhandel auf, der Schneider und andere große Geschäfte mit Stoffen belieferte. Debenham und Freebody erwarben weitere Läden und eröffneten Niederlassungen in britischen Kolonien wie Südafrika, Australien und Kanada. Ab 1905 firmierte das Unternehmen dann als „Debenhams Ltd.".

Designermode zu moderaten Preisen

Großen Anklang fand die Aktion „Designers at Debenhams", die das Kaufhaus im Jahr 1993 einführte. Seitdem ist dort immer wieder Mode von aufstrebenden Designern zu verhältnismäßig günstigen Preisen erhältlich. Unter anderem fertigten Matthew Williamson und Henry Holland spezielle Kollektionen für das Kaufhaus an.

Mehr Auswahl. Mehr Stil. Mehr Sie.

Debenhams-Slogan 1989

Die Kaufhauskette wächst

Das Unternehmen stand mittlerweile unter der Leitung von Ernest Debenham (1865–1952), dem Enkel Williams. Er erwarb in den folgenden Jahren verschiedene Kaufhäuser im gesamten Vereinigten Königreich und vergrößerte sein Unternehmen so stetig. Zu seinen Anschaffungen gehörte auch „Harvey Nichols" im vornehmen Londoner Stadtteil Knightsbridge, das 1919 zu Debenhams kam. 1928 endete die Beteiligung der Debenham-Familie dann: Das Unternehmen ging an die Börse.

Vom kleinen Stoffgeschäft zum Unternehmen mit Filialen in aller Welt – die faszinierende Geschichte von Debenhams

Bis in die 1950er-Jahre entwickelte sich Debenhams zur größten Warenhauskette in Großbritannien und wuchs auch weiterhin. 1976 kaufte Debenhams das traditionsreiche Kaufhaus Browns of Chester, das oft als „Harrods des Nordens" bezeichnet wurde. Als einziges Geschäft durfte es seinen ursprünglichen Namen behalten – alle anderen Zukäufe der Gruppe erhalten seit 1977 den Namen „Debenhams". 1985 wurde Debenhams dann von der Burton-Gruppe gekauft, 13 Jahre später jedoch wieder abgespalten. 1997 eröffnete in Bahrain der erste internationale Lizenznehmer ein Kaufhaus, zahlreiche weitere Niederlassungen im Ausland folgten. Im Oktober 2003 wurde das Unternehmen dann erneut gekauft – dieses Mal von Baroness Retail Ltd.

> *Großbritanniens Lieblingskaufhaus.*
>
> Debenhams-Slogan 2000

Große Zahl von Niederlassungen in der ganzen Welt

Zurzeit unterhält die Kaufhauskette rund 155 Filialen in Großbritannien und Irland, dazu kommen mehr als 40 Lizenznehmer im Ausland, darunter in Ägypten, Vietnam, Iran, den Vereinigten Arabischen Emiraten und auf den Philippinen. Auch im europäischen Ausland, wie zum Beispiel in Island, Rumänien oder Zypern, ist Debenhams vertreten. Das kleine Stoffgeschäft im Londoner West End hat nun die ganze Welt erobert – das Konzept von Debenhams ist so universal, dass es in Ländern von Iran bis Vietnam, Armenien bis Island Anklang findet.

Das 1972 abgebrannte Geschäft der Kaufhauskette John Little am Raffles Place und die Robinson-Filiale an der Orchard Road

Robinson & Co. – ein australischer Kaufmann erobert Südostasien

In Singapur und Malaysia ist das Kaufhaus Robinson & Co. mit drei Filialen vertreten. Außerdem gehören die Kaufhauskette John Little in Singapur und Lizenzgeschäfte der britischen Kaufhauskette Marks & Spencer zum Unternehmen.

Zwei Vertriebswege als Grundstein
Hinter Robinson & Co. steckt der Australier Philip Robinson. Er gründete im Februar 1858 zusammen mit James Gaborian Spicer, einem ehemaligen Aufseher im Gefängnis von Singapur, ein Geschäft am Commercial Square, dem heutigen Raffles Place. Der Laden trug den Namen „Spicer & Robinson“, doch als sich Spicer nach noch nicht einmal zwei Jahren aus dem Geschäft zurückzog, firmierte das Unternehmen als „Robinson & Co.“ weiter. Gleichzeitig zog es um: an die Kreuzung von North Bridge Road und Coleman Street.

Robinson setzte von Anfang an auf zwei Vertriebswege: Zum einen konnten Kunden ganz normal in sein Geschäft kommen und dort einkaufen. Zum anderen schickte er aber auch Handelsvertreter durch den gesamten Malaiischen Archipel bis nach Borneo. So zählten bald zahlreiche malaiische Herrscher zu seinen Kunden. Auch König Mongkut von Siam (dem späteren Thailand) kaufte bei Robinson ein.

Überleben in der Krise
Im Jahr 1864 wurde die Region Singapur von einer Finanzkrise erschüttert, die zahlreiche Firmen in den Ruin trieb. Nicht so Robinsons Geschäft: Der Australier durchstand nicht nur die Krise, sondern konnte sogar ein neues Geschäft an der Battery Road eröffnen. Außerdem gründete er eine eige-

ne Schneiderei, um auch selbst Kleidung herstellen zu können. Dazu holte er sich den Engländer T. C. Loveridge an Bord, der bei einem erfahrenen Schneider in Singapur in die Lehre ging.

Nach Robinsons Tod im Jahr 1886 nahm sein Sohn Stamford Raffles Robinson die Geschäfte in die Hand. Und diese liefen besser als je zuvor – dies hatte Robinson & Co. auch einer groß angelegten Werbekampagne auf der malaiischen Halbinsel zu verdanken. Neben Bekleidung verkaufte das Kaufhaus damals auch Musikinstrumente und viele andere Dinge.

Hatte das Unternehmen die Finanzkrise von 1864 noch unbeschadet überstanden, so hatte es in der Weltwirtschaftskrise von 1929 weniger Glück. Zum ersten Mal in seiner Geschichte schrieb Robinson & Co. Verluste – und das sollte noch bis 1936 so weitergehen.

Robinson Department Store
Auch in Thailand gibt es eine Kaufhauskette mit dem Namen „Robinson Department Store", die rund 30 Filialen im ganzen Land unterhält. Sie wurde allerdings erst 1979 gegründet und gehört heute zur thailändischen Central-Group. Mit Philip Robinsons Singapurer Kaufhäusern hat sie nichts zu tun.

Robinson im Zweiten Weltkrieg

Gerade hatte sich Robinson & Co. von der Weltwirtschaftskrise erholt, da kam auch schon die nächste Katastrophe: der Zweite Weltkrieg. 1941 zog das Kaufhaus zwar erneut in ein größeres Gebäude und hatte dort ein Café mit Klimaanlage, doch nur wenige Tage nach der Eröffnung wurde das Haus von japanischen Bomben getroffen. Der Verkauf ging jedoch weiter, auch nach einem zweiten Bombenangriff im Februar 1942. Zu dieser Zeit hatte das Kaufhaus bereits eine Filiale in Kuala Lumpur, im heutigen Malaysia, die im Krieg die Alliierten mit Feldbetten versorgte.

In den letzten Kriegstagen wurden die Geschäfte in Singapur und Kuala Lumpur geplündert, doch das Silber und der Schmuck des Kaufhauses waren so gut gesichert, dass die Plünderer zumindest hier keinen Erfolg hatten. Im April 1946 öffnete das Kaufhaus dann erneut seine Türen und das Geschäft florierte von Anfang an.

Umzug und Expansion

1955 erwarb Robinson die Kaufhauskette John Little, drei Jahre später kam eine Lizenz für Marks & Spencer dazu. In den folgenden Jahren zog das Unternehmen häufig um. Das Geschäft am Raffles Place – der erste Laden in der Region, der voll klimatisiert war – brannte 1972 ab und Robinson zog in ein Einkaufszentrum an der Orchard Road. 1983 bezog es dann ein fünfstöckiges Gebäude im Einkaufszentrum Centrepoint. 2001 kam eine zweite Filiale in Raffles City dazu. Auch in Kuala Lumpur, der Hauptstadt von Malaysia, ließ sich das Unternehmen nieder. 2006 wurde Robinson & Co. an die indonesische Lippo-Gruppe verkauft.

Register

Bildnachweis

Umschlagfoto vorn: picture alliance; Seite 2: picture alliance; 7: The Library of Congress; 8: picture alliance/akg-images; 9: The Library of Congress; 11: Wikimedia Commons/ Andrew Dunn; 12/13: Shutterstock Images; 14: Wikimedia Commons; 15: picture alliance/akg-images; 16: picture alliance/maxppp; 18: Wikimedia Commons; 19: picture alliance/akg-images; 20: Wikimedia Commons/Siren-Com; 21: picture alliance/Lonely Planet Images; 22: picture alliance/akg-images; 23: Wikimedia Commons; 24: picture alliance/Mary Evans Picture Library; 25: picture alliance/maxppp; 27: picture alliance/ akg-images; 28: twinbooks, München; 29 Hintergrund: Shutterstock Images; 29: picture alliance/maxppp; 31: picture alliance; 32: Wikimedia Commons; 33: Wikimedia Commons; 34: Wikimedia Commons/Siren-Com; 35 Hintergrund: Shutterstock Images; 35: picture alliance/Mary Evans Picture Library; 36: Shutterstock Images; 38: picture alliance/maxppp; 39: Wikimedia Commons/Dinkum; 40: picture alliance; 41: Shutterstock Images; 43: Shutterstock Images; 44: Wikimedia Commons; 45: picture alliance; 46/47: The Library of Congress; 48: Wikimedia Commons/Sodacan; 49: picture alliance/ The Advertising Archives; 50: picture alliance; 51: Wikimedia Commons/Tony Hisgett; 52: imago/Scherf; 53l: Wikimedia Commons/Tony Hisgett; 53r: Shutterstock Images; 54: Shutterstock Images; 55: Harrods Ltd.; 56: picture alliance/Mary Evans Picture Library; 57: Shutterstock Images; 58: imago/Newscast; 60: picture alliance; 61: imago/wolterfoto; 62: The Library of Congress; 63: picture alliance/empics; 64: Wikimedia Commons/ Fritz Jorn; 65: Wikimedia Commons/Fritz Jorn; 67: imago/United Archives; 68: picture alliance/Imagno/Austrian Archives; 69: Shutterstock Images; 70: picture alliance/imagestate/HIP; 71: Shutterstock Images; 73: picture alliance/The Advertising Archives; 74: Shutterstock Images; 75: Shutterstock Images; 76/77: The Library of Congress; 78: New York Public Library; 79 Hintergrund: Shutterstock Images; 79: The Library of Congress; 80: The Library of Congress; 81: New York Public Library; 82 Hintergrund: Shutterstock Images; 82: The Library of Congress; 84: Macy's, Inc.; 85: picture alliance/Lonely Planet Images; 86: The Library of Congress; 87: picture alliance/Mary Evans Picture Library; 88: Shutterstock Images; 89: Shutterstock Images; 90: The Library of Congress; 91: The Library of Congress; 92: Bloomingdale's, Inc.; 93: picture alliance/landov; 94: picture alliance/Lonely Planet Images; 95: Wikimedia Commons/Coolcaesar; 96: The Library of Congress; 97: picture alliance; 98: picture alliance/akg-images; 99: Shutterstock Images; 100: Shutterstock Images; 101: picture alliance/akg-images; 102: Wikimedia Commons; 103: picture alliance/ms4/Globe-ZUMA; 105: Wikimedia Commons/Christopher Peterson; 106: twinbooks, München; 107: picture alliance; 108: The Library of Congress; 109: The Library of Congress; 110: New York Public Library; 111: Wikimedia Commons; 112: The Library of Congress; 114: picture alliance/Lonely Planet Images; 115: The Library of Congress; 117: twinbooks, München (Jennifer Künkler); 118: twinbooks, München (Ina Gärtner); 120: Woolworth GmbH; 121: picture alliance/Judaica-Sammlung Richter; 122l: picture alliance/Mary Evans Picture Library; 122r: picture alliance/Mary Evans Picture Library; 123: picture alliance/Everett Collection; 124: The Library of Congress; 125ol: Sears Holdings Corp.; 125or: Sears Holdings Corp.; 125u: The Library of Congress; 126/127: The Library of Congress; 128: twinbooks, München; 129: picture alliance/akg-images; 131: picture alliance/akg-images; 132: picture alliance/akg-images; 133: Wikimedia Commons/Waldemar Titzenthaler; 136: The Library of Congress; 137: Shutterstock Images; 138: Wikimedia Commons; 139: Wikimedia Commons; 140: The Library of Congress; 141: Raimond Spekking/CC-BY-SA-3.0 (via Wikimedia Commons); 142: picture alliance/akg-images; 143: Karstadt Warenhaus GmbH; 146: Wikimedia Commons/ Christian Bier; 147: picture alliance/akg-images; 150: The Library of Congress; 151: picture alliance/akg-images; 152: picture alliance; 153: picture alliance/akg-images; 154: picture alliance; 155: picture alliance; 156: Wikimedia Commons; 157: picture alliance/ akg-images; 158: Wikimedia Commons/Andreas Praefcke; 160: Shutterstock Images; 161: Wikimedia Commons/Kolossos; 162: picture alliance/akg-images; 163: The Library of Congress; 164: picture alliance/akg-images; 165: picture alliance; 166/167: picture alliance/akg-images; 168: Bildarchiv Globus; 169 Hintergrund: Shutterstock Images; 169: R. Steck, Wädenswil; 170: Bildarchiv Globus; 171: Bildarchiv Globus; 172: Shutterstock Images; 173: Wikimedia Commons; 174: picture alliance; 176: Wikimedia Commons; 177: picture alliance; 178 (2): Shutterstock Images; 179: Wikimedia Commons/Lukacs; 181: imago/Rüdiger Wölk; 182: Wikimedia Commons/Lanecrawford; 183: Wikimedia Commons/Lanecrawford; 185: PRshots.com/Debenhams plc; 186l: Wikimedia Commons; 186r: Wikimedia Commons/Formulax.

Die Geschichte der Kleingartenkultur

Christa Pöppelmann
Hier wächst die Hoffnung!
Von der Laubenkolonie zum Guerilla-Garten
192 S. · ISBN 978-3-8369-2738-3

„Das Leben beginnt mit dem Tag, an dem man einen Garten anlegt." Dieser Volksweisheit aus China stimmen wohl Millionen Kleingartenfreunde, Laubenpieper und Grünparzellenbesitzer uneingeschränkt zu. Ob deutsche Schrebergartenidylle, Gemüse züchtende allotment gardeners in England oder die Astrid-Lindgren-Romantik skandinavischer Koloniegärten: Das Phänomen Kleingarten, das aus Zugeständnissen an arme Bevölkerungsschichten seinen Anfang nahm und bis vor wenigen Jahren als Gartenzwergparadies verpönt war, begeistert heute mehr denn je junge Familien und trendige Großstädter. Die Natur erobert sich Schritt für Schritt den städtischen Lebensraum zurück, Gemeinschaftsgärten gedeihen in Millionenstädten wie New York, Paris, Barcelona oder Berlin und urbanes Landwirtschaften zeigt einen neuen Weg im Umgang mit den Ressourcen unseres Planeten.

GERSTENBERG